東京大学まで出て、なぜかトレーナーになった著者

脂肪を燃焼させる化学反応式は

$(CH_2)_n + (3_n/2)O_2 \rightarrow {}_nCO_2 + {}_nH_2O$

JN081908

Muscle Character

- 数字で結果を出したいド理系トレーナー
- 在学中は茶道部だった
- 超理論派の効率至上主義者
- 人の喜ぶ姿に幸せを感じるおもてなし上手

MEMO

高校時代は弱小硬式テニス部、東京大学の農学部在学中は茶道部に所属していたため、決して運動が得意というわけではない。だからこそ、運動ができない人と同じ目線で、効率的に動ける方法を模索し続けるニュータイプのパーソナルトレーナーです。

Training 1 ☞ Training 2 ☞ Training 3

\ 東大卒トレーナーの /
頭のいい説明で1分でわかる!
たった10個の動きでいい

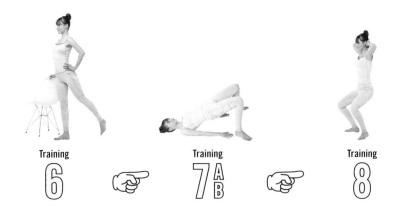

Training 6 ☞ Training 7 A B ☞ Training 8

Training
4

Training
5

筋トレ嫌いのための

脚やせ大全

Training
9

Training
10

東京大学を卒業した
理系美脚トレーナーが
伝えたいことは、ただひとつ

筋トレは「コスパが命！」です！

1mmでも脚を細くしたい人は……「股関節」をとにかく外にひねる！
それさえできれば、筋肉は放っておいてもいいくらい。
筋肉がつきにくい体質なのにトレーナーになった
ド理系の僕だからこそ、伝えたい美脚理論があるのです。

ド理系トレーナーの僕が
美脚への最大公約数を求めてみた。

「ねぇねぇ、みすたーだいどー! ダイエットを頑張ったのに、なかなか脚が細くならないんだけど!!」

東京大学を卒業し、パーソナルトレーナーとして活動していたある日、学生時代の後輩の女の子からダイエット相談を受けました。詳しく話を聞くと、食事管理はきちんとできていて、体重は落ちてウエストも細くなった。なのに、太ももが全然細くならない。

そこでスクワットのフォームや歩き方をチェックしたところ、カラダの使い方のクセが出ていて、太ももが使われやすい生活をしていることがわかりました。

ちなみに彼女、「みすたーだいどー」というユニークなあだ名の名付け親だったりします。

さて、この日に撮影したスクワットのビフォー・アフターの動画がTwitterでバズり、この反応をヒントに少人数制の美脚レッスンを始め、年間100名以上の女性に指導を行う中で、僕は確信しました。「脚やせがうまくいかずに悩む女性のほとんどは股関節に原因がある」と。

脚やせは女性にとって永遠のテーマ。それゆえに世の中にはものすごい量の脚やせ情報があふれています。

しかし、脚やせを実現するために重要なことは、ストレッチやエクササイズの「方法」ではありません。修正すべきポイントを正しく「評価」すること。そのためにはカラダの構造や機能を知っておく必要があるため、この本では「原理」を詳しく説明しています。

　本書でいう美脚の「原理」とは、股関節の正しい使い方のこと。だからこそ、股関節、膝、足首、足指の中でも、下半身太りの原因で特に多い股関節を正しく使えるようにするためのアプローチを重点的に紹介しています。この「原理」は、解剖学やバイオメカニクスを元にした理論と、現場で多くの人に効果を実感していただいた指導経験から導き出したもの。

　とはいえ、人のカラダは誰一人として同じではありません。

　僕が主に指導してきたのは、自宅トレーニングメインの一般の女性、特に太っているわけではないのに下半身太りで悩んでいる女性です。そのような方々にカラダの使い方の傾向はあれど、一人ひとりに合わせたプログラムを作成してトレーニングを行っています。

　つまり、あなたが一人で美脚作りを行う場合は、骨格や普段の姿勢、カラダの使い方のクセなど、

自分自身のカラダの特徴やクセを知って向き合うことが大切になってきます。

　自分のカラダと特徴を知るヒントとなるのが、本書のなかにある美脚の原理を説明した解剖学のページです。

　筋肉が固くなりやすい部位や苦手な動きなど、ご自身のカラダで気づいたことを書き込めるよう、方眼ノート形式になっています。ぜひ自分のカラダの「トリセツ」を作る気持ちで自由に書き込んでください。

　まずは自分のカラダとじっくり向き合って太脚になってしまう根本的な原因を知ること。それで手に入れられた美脚は一生もの。

　それでは、僕と一緒に美脚作りを始めましょう。

2020年6月吉日

お尻より太ももが張っている

お尻と太ももの
境目があいまい

外ももが張り出している

膝をピンと伸ばし切って
立っている

ふくらはぎがすぐ疲れる

お尻なのか……

太ももなのか……

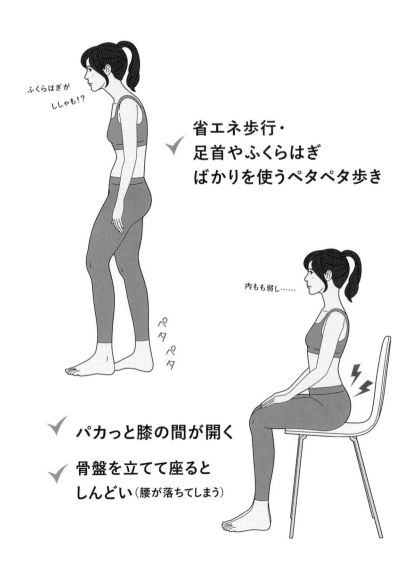

ふくらはぎが
ししゃも!?

✓ 省エネ歩行・
足首やふくらはぎ
ばかりを使うペタペタ歩き

ペタペタペタ

内もも弱し……

✓ パカっと膝の間が開く

✓ 骨盤を立てて座ると
しんどい（腰が落ちてしまう）

当てはまった人は

脚がこれからますます

太くなる予備軍

11

実際の体重より太く見せてしまう「内巻き股関節」という損失

股関節が内にねじれ
重心が悪いと脂肪がつく

クライアントの9割以上が、「上半身より下半身が気になるんです」とおっしゃられます。お顔や上半身を見ると55kgくらいに見えるのに、脚だけを見ると65kgくらいの印象を与えてしまう。こんなふうに上半身と下半身の見た目と体重にギャップが生じてしまう人の共通点は、カラダにゆがみがあり、立ったときに重心のバランスが悪いこと、歩き方がスムーズではないことです。

脚だけが太いというのは、運動不足や遺伝だけではありません。むしろ普段の脚の使い方など後天的な要素が強いと思っています。

左ページの女性のような「内巻き股関節」の状態だと、太ももの外や前に体重が乗ってカラダが傾きやすくなります。体重そのものを支える力に加えて、傾いたカラダをホールドする力も必要になりますよね。それは筋肉が担ってくれますが、その分筋肉は発達してしまいます。体重が50kgの人なら、その重さを支えるだけの脚の力でいい。しかし内巻き股関節でカラダのバランスが悪いと、50kg相当の脚ではカラダが支えきれず、60kgの体重を支えられる脚になるのです。

体重は50kg台なのに、
脚だけ60kg台になったのは
「内巻き股関節」が原因

股関節が内にねじれやすい

股関節が内巻きになると、太ももの外側に体重がかかりやすく、外ハリ脚、O脚になりやすい。

P.39

特定の筋肉だけを使う

前ももや外もも、ふくらはぎといった単独の筋肉だけを使うことで、その部分だけがたくましく、ほかの部分には脂肪がつきやすくなります。

P.65

お尻を使わずペタペタ歩く

お尻の筋肉を使えていない歩き方は、一見省エネのように見えるペタペタ歩き。でも実は、ふくらはぎを使いすぎて太くなる危険性があります。

P.91

足裏全体で立てない

足の親指や小指などが浮いてしまって、足指が地面につかないのは足裏全体で体重を支えられていない証拠。その分、別の筋肉が頑張ってカラダを支えていることになり、その部分がたくましくなりやすいです。

P.111

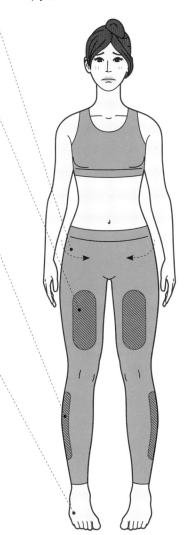

13

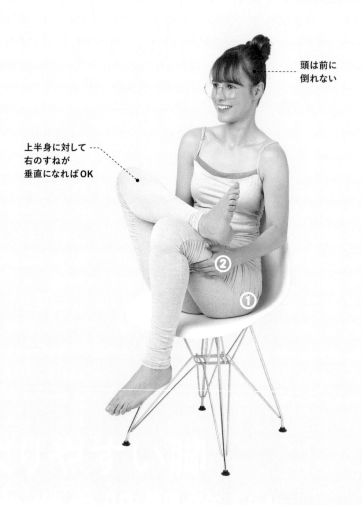

頭は前に
倒れない

上半身に対して
右のすねが
垂直になればOK

② ①

イスに座って坐骨（お尻の骨）を座面につけます。右足を左の膝の上に乗せます。

左の太ももの裏を両手でつかんで胸に引き寄せます。

あなたはこのストレッチ

できる？
できない？

できなかった人は
股関節が固い証拠

右の膝が足首より高い位置にある人は右の股関節が固く自由に動かず、内巻きになっています。太ももの外のハリが気になるはず。左右で差がないか、左側もチェックしましょう。

歩行時には
体重×3倍の力が
股関節にかかる！

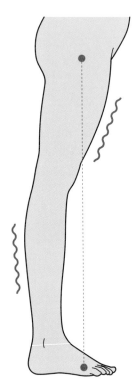

脚が太くなるのは、頑張りす
ぎる筋肉と怠ける筋肉のバラ
ンスが悪いから。内巻き股関
節によって、太ももの前や外
に体重が乗りやすくなるので、
その部分はたくましくなりま
す。一方で太ももの裏や内側
は怠けて脂肪がつきやすくな
ります。

脚が 太くなる フロー

股関節がゆがみ、
足指が使えない

カラダが傾いている

負荷を前もも、
ふくらはぎで支える

自分の体重以上の負荷を
筋力で受け止めているから
脚が太くなる

脚が 細くなる フロー

股関節を正しく動かせて、
足指・足裏でカラダを支えられる

姿勢がまっすぐになる

必要以上に筋肉を使わず
骨でカラダを支えられる

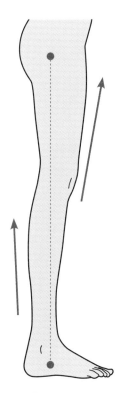

脚を細くするには、とにかく
特定の筋肉で頑張らずに、ま
っすぐな姿勢を作ること。内
巻き股関節を正して、カラダ
に傾きがなく、足全体に均等
に体重を乗せてカラダを支え
られると、最小限の筋肉と骨
で姿勢をつくれるので、脚へ
の負担が減ります。

骨で体重を地面に逃すから
無駄な筋肉や脂肪がつかない
細い脚 になる

東大卒トレーナーがとにかく伝えたい!

股関節さえ "正しくハマれば" 脚が細くなる理論

美脚の最大公約数とは
最も行うべきは股関節を外にひねること!

時間対効果を上げる!
脚を細くするなら「ペアで鍛える」と効率がいい!

やせる歩き方、最強説
お尻の筋肉を使って歩けるカラダになる!

足裏、足首を軽んじることなかれ!
地球に正しく立てた者だけが「歩いて細く」なれる

BASIC

東大卒トレーナー式・きほんのき

東大卒トレーナーがとにかく伝えたい！

股関節さえ"正しくハマれば"
脚が細くなる理論

1分で理解

脚を1mmでも細くしたい人は「股関節」を外にひねる

働き者の股関節は使い方のクセを形状記憶している

　脚が太くなってしまう原因のひとつに「**股関節**」**の問題**があります。股関節は骨盤と太ももの骨をつなぐ大切な関節で、上半身の重さを支える重要な役割があります。構造は非常にユニークで、球状になっていてさまざまな方向に動くので、走ったり、跳んだり、座ったり、胡坐をかいたりといった姿勢ができるのです。反面、働き者であるがゆえに、使い方のクセが出やすいのも事実。普段の姿勢や歩き方、座り方が股関節に与える影響は大きく、**股関節のゆがみが形状記憶**されてしまいます。

股関節が内にねじれると太ももの前と外が張り出してしまう!!

　股関節がどのように形状記憶されると脚が太くなってしまうのか……、それはカラダの内側に向かってねじれてしまうこと。**股関節が内側にねじ**

れてしまうと、股関節につながっている太ももの骨が外に張り出し、その上に筋肉と脂肪がつきます。O脚になったり、太ももの外が張り出した脚になってしまったり。この使い方のまま日々歩いたり、立ったりしていると、美脚をどんどん遠ざけてしまいます。

股関節を外に向ける
外旋ができなければ
どんなトレーニングも無駄

　前ももや外ももを酷使している一方で、サボっている筋肉もあります。それがお尻や太ももの裏、内ももです。脚を気にしている人のほとんどが、この3か所に脂肪がついてたるんで見える傾向にあります。たった1か所、股関節がゆがむだけで、その周辺のお尻や太もものシルエットに大きく影響するのです。

　内にねじれたやっかいな股関節はとにかく**外にねじれるようにして、正しい位置にハメることが美脚への第一歩**。この土台がないと、どんなにお尻を一生懸命鍛えようと思っても正しい動きができません。基礎や土台がなければ応用問題が解けないのと同じことなのです。

股関節が内巻きになる

太ももの骨が外に張り出し、そこに筋肉や脂肪がつきます。太ももが張り、厚みが出てしまい、太い脚やO脚になりやすくなります。

正常な状態

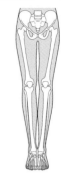

O脚

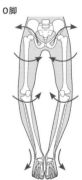

XO脚

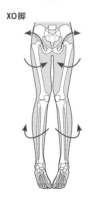

股関節ってどこ？

☆ 太ももの骨と骨盤をつなぐ関節

【多くの筋肉を従えてさまざまな動きができる】

太ももの骨と、骨盤の間にある関節で、歩行時には体重のおよそ3倍もの力がかかるといわれているのが股関節。太ももの骨の上端が丸くなっていて、それが骨盤のくぼみにはまり込んでいます。そのため、可動性が高く、股関節にくっついている23もの筋肉を使って、脚を前後や左右、回すといった動作ができ、それを組み合わせて歩く、走る、跳ぶ、上がる、下がる、またぐといったさまざまな動作ができるのです。

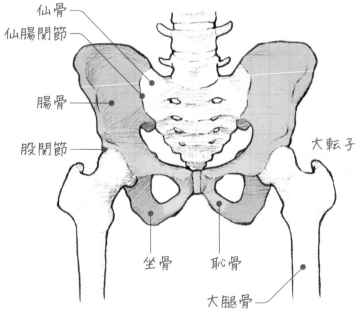

寛骨＝腸骨＋恥骨＋座骨

仙骨

仙腸関節

腸骨

股関節

大転子

坐骨

恥骨

大腿骨

骨盤

背骨と股関節とつながっていて、全身を支える役割をする骨盤。背骨の下端に仙骨があり、その左右の上部にあるのが腸骨。その下に坐骨と恥骨がくっついていて、3つを合わせた翼状の骨が寛骨です。寛骨の外側に大きなくぼみがあり、そこに球状になった大腿骨の上端が入っています。

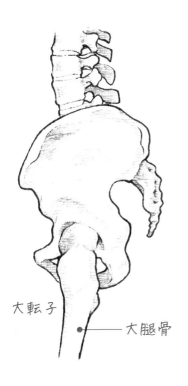

大転子

大腿骨

大転子

大腿骨の上の端にある外側に出っ張った骨。股関節の真横にあり、自分で触ることができます。

大腿骨

股関節と膝をつなぐ太ももの骨で、カラダの中で最も長く、体積があります。股関節が内巻きになると、大腿骨の突起部分である大転子は前へ、大腿骨は外へ張り出すため、外に張り出した太ももになります。

股関節ってどんな動きをする？

<u>Point</u>

☆ 6つの動きを組み合わせて動く

1. 屈曲

カラダをかがめたり、太ももを引き上げたりする動きで、股関節を曲げるのが屈曲です。日常の動きでは膝も併せて屈曲します。太ももを引き上げる力が必要なので、腰と太ももをつなぐ腸腰筋や前ももの筋肉を使って動かします。

2. 伸展

カラダをそらせたり、太ももを後ろに動かしたりして股関節を伸ばすのが伸展。太ももの裏やお尻の筋肉が必要なので、美脚にとって重要な動き。脚が太くなりやすい人は伸展の動きを苦手とする人が多いのが特徴です。

3. 内旋

股関節を内側にねじり、つま先が内に向くのが内旋。太ももの前面が内に向いています。裏ももを構成する筋肉の一部や、お尻のインナーマッスルを使います。内旋が強いと太ももの骨が外へと張り出して〇脚になりやすくなります。

【股関節は6つの動きができる】

股関節の最大の特徴はさまざまな方向に動くことです。そして従えている筋肉は23種類もあるというのだから驚きです。どういう動きにどのあたりの筋肉が関連しているのかわかれば、美脚のために鍛える筋肉が一目瞭然です。

4. 外旋

股関節を外に開き、つま先が外を向くのが外旋。お尻の奥のインナーマッスルや裏ももの筋肉を使わないと外旋できないので、美脚になるには最も重要な動き。太ももの前面が外にねじれるのも特徴です。

5. 内転

太ももを内側へ閉じて左右の脚を交差させるのが内転。主に太ももの内側を使うので、たるんだ内を引き締めるのに大切な動きです。また、脚がカラダの中心に向かう動きで、この動きができることで脚がまっすぐ長く見えます。

6. 外転

太ももを外側へ開き、片一方の脚を横に出す動きが外転。太ももの外側やお尻の横の筋肉たちが働いてくれます。内転も外転も、スポーツをする上では重要な動きです。内・外転筋が弱いと、片脚でバランスがとれなくなります。

日常の動作と股関節の動き

☆ 日常の動きが股関節のクセをつくる

☆ 股関節の6つの動きをどれも
　 スムーズにできるようにする

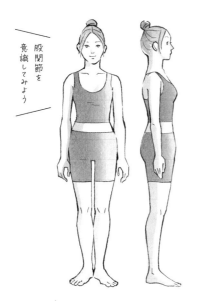

股関節を
意識してみよう

お尻の肉をかき分けて
座骨を立ててみて

● 立つ

股関節が内にねじれてお尻に力が入らず、O脚のように外側重心で立ったり、つま先重心で前ももに頼って立ったりすることで、美脚から遠ざかります。理想は、膝の力を抜き、お尻を締めて、股関節を外にひねって立つこと。内ももを正面に向けるイメージです。

● 座る

長時間座って股関節が曲がった状態でいると、お腹の力が抜けやすく、お尻や裏ももの筋肉が固まります。坐骨を立てて、イスに対して、お尻を上から刺すイメージで、みぞおちと股関節が近くなりすぎないように。30分に1回は立ち上がって脚を動かしましょう。

【日常生活の動きは股関節と深く関係】

立つ、座る、歩く、階段を昇る、降りるといった日常のどの動作も、股関節の動きと深く関係しています。しかし、自分にとってラクな姿勢や歩き方が必ずしも股関節の正しい使い方ではありません。間違った使い方をしていると、どんどんクセがついて、カラダをゆがませ、脚を太くしてしまいます。

後ろ足で地面をしっかりける！

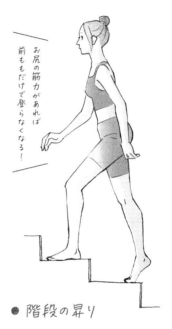

お尻の筋力があれば前ももだけで登らなくなる！

● 歩く

脚を後ろに伸ばして股関節を伸展したとき、後ろ足で地面を押して。お尻はしっかり力を入れつつ、次の一歩は慣性を利用して、腸腰筋やふくらはぎを最小限使う歩き方が理想。股関節や足指が機能していないと、後ろ足でカラダを支えられずペタペタ歩きに。

● 階段の昇り

股関節の曲げ伸ばしの運動になり、お尻を使って昇るのが理想。後ろ足が離れて片脚になるときも、着地している側のお尻の筋肉でしっかり安定させましょう。お尻が使えないと膝や足首がメインの動きになり、前ももやふくらはぎが疲れてしまいます。

東大卒トレーナーが
とにかく伝えたいこと❷

1分で理解

筋肉の力で頑張りすぎない骨の上にまっすぐ立つこと

つま先重心？ かかと重心？ 重心の置き方で 脚のラインが決まる！

普段の何気ない立ち姿勢のとき、どこに重心が乗っているかを気にしたことはありますか？ 重心の間違ったかけ方によって、脚は思いもよらぬ方向に太くなることがあります。

まずは重心がどちらにあるのかをチェックしてみましょう。**直立した姿勢で前後にカラダを揺らし、かかとが浮くまでつま先重心にする、もしくはつま先が浮くまでかかと重心にする**、というのを繰り返してみてください。前者がラクであれば「つま先重心」、後者の姿勢がとりやすいようなら「かかと重心」になっています。

前ももが太いのはつま先重心 お尻のたるみが気になるのは かかと重心

どんなに筋トレやエクササイズを頑張っても、日常の動きを変えない限り、脚は細くなりません。エクササイズの時間より、それ以外の時間のほう

が圧倒的に長いので、**そのときのカラダの使い方によって脚のラインが決まる**からです。

　もしつま先重心で生活していたら、前傾したカラダを支える前ももがどんどん発達して太くなります。そういう人はスクワットなどしても、真っ先に前ももに効き、前ハリ脚に拍車をかけます。

　反対に、かかと重心で生活していると、裏ももが硬くなります。日常レベルの負荷では、裏ももの筋肉が太くなることはあまりないですが、お尻の働きも裏ももが代償してしまうので、お尻の筋肉が使えずに、お尻がたるみやすくなります。

内くるぶしに重心がきたら
まっすぐ立てる

　立ち姿勢の重心は内くるぶしあたりにあるのが正解。カラダを前や後ろに倒したとき、前ももや裏ももに力みを感じない場所です。そこで立てると、筋肉の力で頑張りすぎず、骨の上にまっすぐ立つことができます。足裏にも均等に体重がかかり、足指でしっかり地面をとらえることができるようになり、頑張りすぎていた筋肉の過重労働を減らして無駄な筋肉をつきづらくします。

足裏の3つのアーチ

足裏にはアーチが3つあって、動きによって重心のバランスをとったり、歩くときのクッションの役割を担っています。親指とかかとをつないだ「内側縦アーチ」、小指とかかとをつないだ「外側縦アーチ」、親指と小指の関節をつないだ「横アーチ」です。

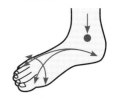

カラダを支えられない足裏

3つのアーチが機能していないと、バランスを崩して重心を正しい位置にとれず、つま先やかかとでカラダを支えてしまいます。すると足指が浮くなどして、足裏で踏ん張れないのでカラダが傾き、骨の上にまっすぐ立てなくなります。くるぶしよりもつま先側に体重がかかった生活をしていると、足裏のアーチが崩れて偏平足に。

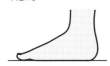

あの！理論はさておき、
どうしたらラクして
細くなれるんですか？

直球の質問で
すみません……

股関節まわりの筋肉 と
足指・足首 がすべて。
あとは放っておく
くらいが丁度いい！

次のページから具体的な脚やせノウハウを
筋肉をキャラ化して 紹介していきます。

外にひねって
足裏を整える！

この２つだけでOK

P.42
外旋六筋
がいせんろっきん

P.76
内転筋
ないてんきん

P.76
臀筋
でんきん
《中臀筋
ちゅうでんきん
外旋六筋
がいせんろっきん
》

目覚めさせる
筋肉キャラクターたち

P.68
腸腰筋
ちょうようきん

P.68
ハムストリングス

P.96

臀筋
（でんきん）

P.114

足指・足首
（あしゆび・あしくび）

怠けてほしい
筋肉キャラクターたち

➡P.60

大腿四頭筋
（だいたいしとうきん）

➡P.62

大腿筋膜張筋
（だいたいきんまくちょうきん）

LESSON 1

まずは股関節を
外へ、外へと
ひねること！

6つの筋肉を従える
働き者！

内巻きに使うことを形状記憶し
てしまった股関節を、外へひね
って使い方を変える感覚を得る
ことからスタート。

P.39

10個の動きを極める

だいどー式
4ローテーション
メソッド

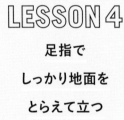

LESSON 4

足指で
しっかり地面を
とらえて立つ

地面と接する足は、体重を支
えてバランスをとる重要な部位。
足裏全体で、バランスよく立て
るようにするのが目標。

P.111

安定感は
バツグン！

ライバルであり
仲間がいてこそ
実力を発揮!

LESSON 2

ペアで鍛えると
筋肉のバランスが
よくなる

筋肉は単独で鍛えない。ペア
で鍛えることで、カラダのバラ
ンスが整いやすく、無駄に筋肉
太りしづらくなる。

P.65

「股関節」と「足指・足首」の使い方を
カラダと脳に徹底的に覚え込ませるこ
とで、日常の動きが変わり、脚のライ
ンが変わります。そのためにはたった
4つの LESSON をクリアするだけ。こ
れが最も効率的で、そして最も効果が
高い美脚への道です。

LESSON 3

お尻で
ぐいぐい
ウォーキング

股関節を使う感覚をさらに研ぎ
澄ますために、お尻をしっかり
使えるようにし、歩く、上がるな
ど日常の動作に取り入れる。

P.91

重力と戦い続ける
戦士たち

4 ローテーションメソッドで美脚を攻略できる!

ありとあらゆる角度で
股関節を動かし
足指を機能させる

　美脚を目指すために、最小限の努力で、最大限の成果を出すことを突き詰めた結果が、股関節と足指・足首の使い方を変えることでした。

　股関節はさまざまな動きができる分、そこについている筋肉も何種類かあります。脚を上げるという動作ひとつとっても、股関節を曲げているときと伸ばしているときでは使う筋肉が全く違います。10種類の種目を、4つに分けて取り組むのが「だいどー式」です。

　LESSON 1は内にねじれやすい股関節を徹底的に外にねじって、正常の位置に戻します。LESSON 2は、股関節を動かす筋肉を2つ1組のペアで、刺激を入れます。普段使いすぎてしまっている筋肉は休ませ、使いづらい筋肉を目覚めさせてバランスをとります。LESSON 3は股関節を動かすのに重要なお尻の筋肉に刺激を入れて日常生活でも使えるようにすること。LESSON 4は足首をやわらかくして、5本の足指を使ってまっすぐ立てるようにすること。この4つのローテーションが、美脚への最短コースです。

　1日目はLESSON 1から始め、4日目にLESSON 4が終わったら、5日目はLESSON 1に戻りましょう。

LESSON1

だいど一式・4ローテーションメソッド

美脚の最大公約数とは

「最も行うべきは
股関節を外にひねること!」

1分
で
理解

みんなが知らない「美脚インナーマッスル」がある

脚やせの最終回答
外旋六筋を目覚めさせる

　美脚になるためには、やみくもに運動したり、股関節を動かしたりしても意味がありません。地味ながらも、実は美脚を作る**インナーマッスル**があり、それを稼働させることこそが美脚への近道。それは「**外旋六筋**」という股関節と骨盤をつなぐインナーマッスルで、6種類あり、深層部にあるので自分では触れません。

　外旋六筋は小さく、しかも表層にない筋肉ながら、その活躍ぶりが素晴らしい。**股関節の動きを安定させてくれ、股関節を外にねじりやすくなるだけでなく、股関節のどの動きも圧倒的にスムーズにしてくれます。**

　外旋六筋が眠ったままだと、股関節の動きが不安定になり、使いやすい筋肉ばかりを頼ってカラダにゆがみが出て、それを支えようとして重心のバランスが崩れてしまいます。それをアウターの筋肉が頑張って支えて、太ももの前や外、ふくらはぎだけがたくましくなっていく、これが脚が太くなる図式です。この図式を崩すには、**美脚のインナーマッスル、外旋六筋の覚醒**しかないのです！

インナーが使えれば
アウターも自動的に使える

もっと詳しく知りたい！

インナーマッスル

深層筋と呼ばれる、目に見えない筋肉。多裂筋や腸腰筋など骨に近い位置にあり、関節の位置を調整したり、姿勢を正したりします。衰えてくるとプロポーションが崩れたり、腰痛や肩こりに。

アウターマッスル

表層筋とも呼ばれる、カラダの表面にある筋肉。大胸筋や三角筋など、鍛えると目に見える部分です。鍛えることで、走る・投げる・跳ぶなどの力が発揮しやすくなります。鍛えすぎると、カラダが大きくなってしまうことに。

力を入れると硬くなる**アウターマッスル**とは違い、インナーマッスルは使っている感覚がわかりづらいのが欠点です。

例えば歩くとき、股関節を安定させるインナーマッスルではなく、似て非なる太ももの外側のアウターマッスルを使ったとします。太ももの筋肉が外側に引っ張られバランスを崩して股関節が不安定になり、それを支えるために外ももがたくましくなったり、違和感や痛みになることもあります。アウターマッスルはパワーがあるので、インナーマッスルの助けを必要としません。

しかし、**インナーマッスルが働けば、それをサポートするアウターマッスルも自動的に働きます。**どちらの筋肉がより大切かではなく、インナーから使い、アウターにサポートしてもらう、両方をバランスよく使うことが重要です。

美脚を目指すため、お尻のインナーマッスル「外旋六筋」が使えることは最重要課題。股関節を安定させ、外旋をサポートする筋肉なので、使うことでお尻や裏ももが使われやすくなり、前ももや外ももの負担が減って脚のラインが変わります。

外旋六筋について、次ページでキャラクター化しながら解説していきます。

私の出番が来たわ！

41

「そんな閉じてたらアカンで！」
筋肉界のオープンマインド

女もダイヤモンドも、
削られてナンボ

自分磨きは
決して裏切らないの

MEMO

股関節を外へねじる動きをサポートするインナーマッスル。骨盤と股関節をつなぐ仲介役でもある。彼女の「外へ外へ！」のポジティブな筋力を身につければ、道端はたちまちランウェイに。見事なセルフプロデュース能力と訴求力の高さはピカイチ。正義感が強く、曲ったことはキライ。

Muscle Character

- バツグンのサポート力で美脚へと導く
- ゆがんだ股関節や骨盤に美しさを熱血指導
- 名言「学びや発見があれば失敗はない」
  「自信じゃない。あなたの言ってることは過信」はもはや伝説

外旋六筋とは、お尻を形づくる表層の筋肉、大
臀筋の深層部にあるインナーマッスル。大腿方
形筋、梨状筋、内閉鎖筋、外閉鎖筋、上双子筋、
下双子筋の6つの筋肉の総称です。

股関節を外にねじるときに働き、しっかり使え
ると、股関節の内巻きを食い止められます。また、
お尻の下のほうにあるのでたれ尻防止にも効果
的。外ハリ脚やたれ尻が解消され、前も後ろもス
ッキリした脚のラインになります。

脱・外ハリ脚！
お尻と太ももに
境界線を作ってくれる

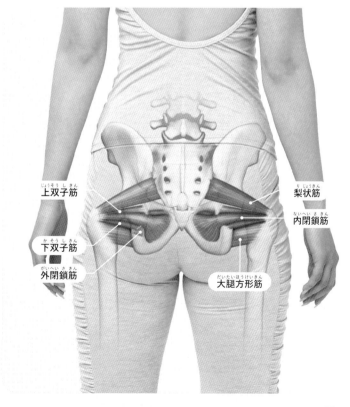

上双子筋

下双子筋

外閉鎖筋

梨状筋

内閉鎖筋

大腿方形筋

Training

1

外旋六筋ストレッチ

左の足の裏はぴったり壁に
くっつけてカラダを固定する

左膝は90度に曲げる

手は力を抜いて
カラダの横に添える

壁に足の裏をつけて
スタートポジションをつくる

壁に脚を向けて仰向けになり、左膝を90度に曲げて
壁に足の裏をつけます。右の足首を左の膝にひっか
けます。

足の裏を壁につけるだけで
"こんなに違うのか!"と思うほど
股関節部分が
伸びる〜!!

右のすねとカラダが
垂直になるまで膝を押す

頭は床につける

お尻はしっかり
床につける

股関節をしっかり広げて
固まっているお尻の筋肉を伸ばす

右手で右膝を壁の方向に押します。カラダと右のすね
が垂直になるあたりまで押して、右のお尻を伸ばして
30秒キープ。反対も同様に行います。

左右各
30
秒

×2セット

NG例

ソファなどやわらかいところは✕

股関節が外にねじりにくい

骨盤が固定されない

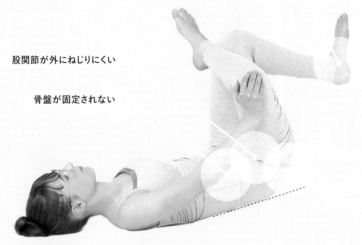

お尻が床から離れてしまう

お尻が床から離れて浮いてしまうと、骨盤が固定できず、股関節を外へねじりづらくなります。使いづらくなっているお尻の筋肉を伸ばしにくくなってしまい、エクササイズ効果が半減します。

頭が浮いてしまう

首が力む　　　　　　腹筋に力が入る

右のすねとカラダが垂直になるくらいま
で伸ばしたいと、頭を上げてチェックして
はダメ。首に力みが出てしまうとリラック
スして伸ばせないので、ストレッチ効果
がダウンします。

Training

2

卍ストレッチ

かかとと膝は床から
浮かないように

右のお尻に
重心を

膝の角度は
90度より狭く

脚で卍のような形をつくる
ところからスタート

床に座り右脚はカラダの前に、左脚は後ろに曲げま
す。かかとと膝は床につけて、右のお尻に重心を乗せ
ます。右手は床についてカラダを支え、左手は腰に。

お尻と太ももの境目と
股関節部分が
ビリビリ〜っとくる感じ!

膝で床を押す

左脚の付け根あたりを
前へ押し出す

付け根部分が
伸びるのを感じる

脚の付け根を伸ばして
股関節をハメる

左の股関節をひねって前へ押し出し、内ももに力を入れ、左膝で床を押します。脚の付け根あたりを伸ばして30秒キープ。お尻と太ももの境に刺激が入るのを感じます。反対も同様に行います。

左右各
30
秒

×2セット

左脚の付け根を前に押し出せていない

太ももに力が入りお尻に力が入る感覚がない

膝を後ろに引けていない

股関節が固くて
できない人は
P109のストレッチへ

左脚の付け根を前に押し出せていない
と、内ももとお尻に力が入りにくくなり、太
ももが使われやすくなってしまいます。左
膝を後ろに引くと、正しい姿勢が作りやす
くなります。

上半身が倒れている

骨盤と股関節が安定していない

左膝で床を押せない

前もも・外ももに
力が入りやすい人は
P61・63のストレッチへ

外ももの筋肉が張りやすい人は、卍の姿
勢をうまく作れないことが多くあります。
骨盤が安定しないと上半身が倒れて、お
尻にも力が入りにくくなります。

51

Training 3

外旋スーパーマン

下腹に力を入れ、
腰の力は抜く

脚を長くするイメージで
軽くお尻に力を入れる

かかとは近づける

肩甲骨を下げる

手のひらは上

骨盤を床に押しつける

うつ伏せになって
肩甲骨を下げて首と脚を長くする

うつ伏せになり、肩甲骨を下げて首を長く保つように
意識します。腕は力を抜いてカラダの横に置き、骨盤
を床に押しつけて脚を長くするイメージで軽くお尻に
力を入れます。

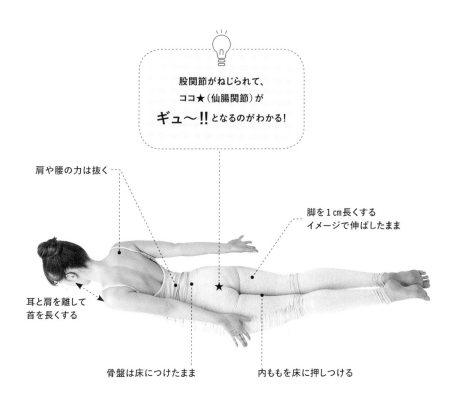

股関節がねじられて、
ココ★(仙腸関節)が
ギュ〜!! となるのがわかる!

肩や腰の力は抜く

脚を1cm長くする
イメージで伸ばしたまま

耳と肩を離して
首を長くする

骨盤は床につけたまま

内ももを床に押しつける

お尻を締めて内ももを床に押しつけ
肩と股関節を外にねじる

太ももを外側にねじって内ももを床に押しつけるよう
にして、お尻を締めます。みぞおちから上を浮かせな
がら、二の腕をわき腹に押しつけるように外にねじり、
30秒キープ。

30秒

×2セット

股関節が外にねじれていない

腰をそってしまっている

お尻の力が抜けている　　　　脚を上げる（浮かせる）意識が強く、裏ももに力が入っている

上体をそらすことに注力していると、腰をそってしまって腹筋の力が抜けてお尻に力が入りません。骨盤を床に押しつけて安定させ、お尻に力を入れることに意識を集中させましょう。

54

脇が開いている

肩が上がる　　　かかとが離れすぎていてお尻に力が入らない

脇が開いてしまうと首がすくんで肩が上がってしまいます。脇を締めて、首を長く保つように意識しましょう。また、かかとが離れすぎているとお尻の筋肉を使いにくくなります！

「肩甲骨を下げる」感覚が わからない人はやってみよう⇒

[肩甲骨の特殊なしくみ]

美脚づくりには重心の位置が大切、つまり正しい姿勢をとれれば、筋肉に頼らない立ち姿勢になれます。そのため、股関節とともに肩甲骨も意識しましょう。肩甲骨は肋骨や背骨と筋肉を介してつながっていて、肋骨の上に浮いた状態になっています。そのため外に開いたり、内に寄せたり、上下に動かしたり、回せたりします。しかし、前かがみ、前重心で猫背だと肩甲骨が上がりっぱなし。下げることを意識すると、重心の位置が整い、骨の上にまっすぐ立ちやすくなります。

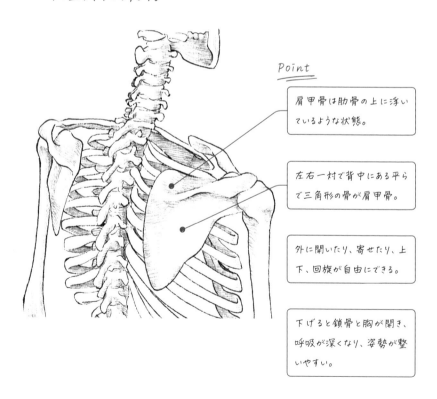

Point

肩甲骨は肋骨の上に浮いているような状態。

左右一対で背中にある平らで三角形の骨が肩甲骨。

外に開いたり、寄せたり、上下、回旋が自由にできる。

下げると鎖骨と胸が開き、呼吸が深くなり、姿勢が整いやすい。

肩甲骨下げスーパーマン

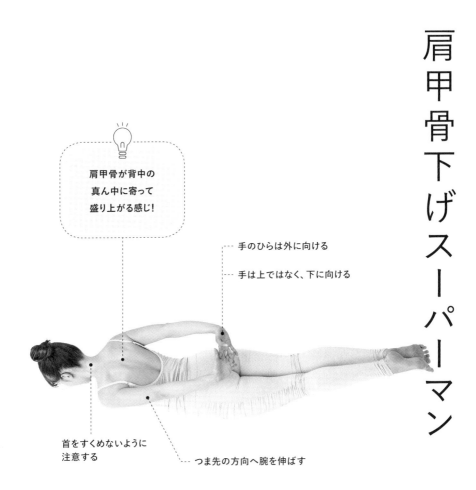

肩甲骨が背中の
真ん中に寄って
盛り上がる感じ!

手のひらは外に向ける

手は上ではなく、下に向ける

首をすくめないように
注意する

つま先の方向へ腕を伸ばす

腕を下へと引っ張りながら
肩甲骨を下げる

うつ伏せになり、手の指を腰のあたりで組み、手のひら
を外に向けます。手を脚の方向に伸ばしながら、太もも
を外側にねじってお尻をぎゅっと締めて30秒キープ。

30
秒

×2セット

もうすでに歩きグセで
前もものハリがすごいんですよ。
スッキリさせること、
できませんか？

先生！
質問です！

日常生活で前ももの筋肉を
鍛えすぎている状態ですね。
「減らす」目的には
「ゆるめて休ませる」しか
ありません。

鍛えすぎた筋肉のケアを
次のページから解説します。

いい質問ですね

カラダの中で
一番のパワーの持ち主

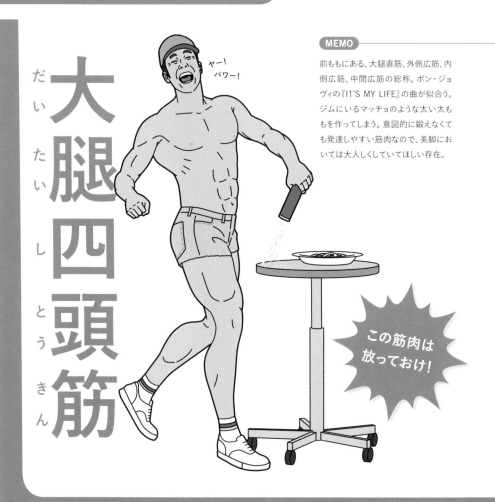

大腿四頭筋
だいたいしとうきん

ヤー！
パワー！

MEMO

前ももにある、大腿直筋、外側広筋、内側広筋、中間広筋の総称。ボン・ジョヴィの『IT'S MY LIFE』の曲が似合う。ジムにいるマッチョのような太い太ももを作ってしまう。意図的に鍛えなくても発達しやすい筋肉なので、美脚においては大人しくしていてほしい存在。

この筋肉は
放っておけ！

Muscle Character

○ スムーズな歩きを止めてしまうブレーキ筋

○ 「おい、俺の筋肉。やるの？ やらないの？ どっちなんだい！ やーる！」の
　精神で裏ももより優位になりやすい

○ 使いすぎるとすぐカチカチになる

この動きが「痛いわ〜」という人は前ハリ脚さん認定。伸ばして"頑張らせない"が大切！

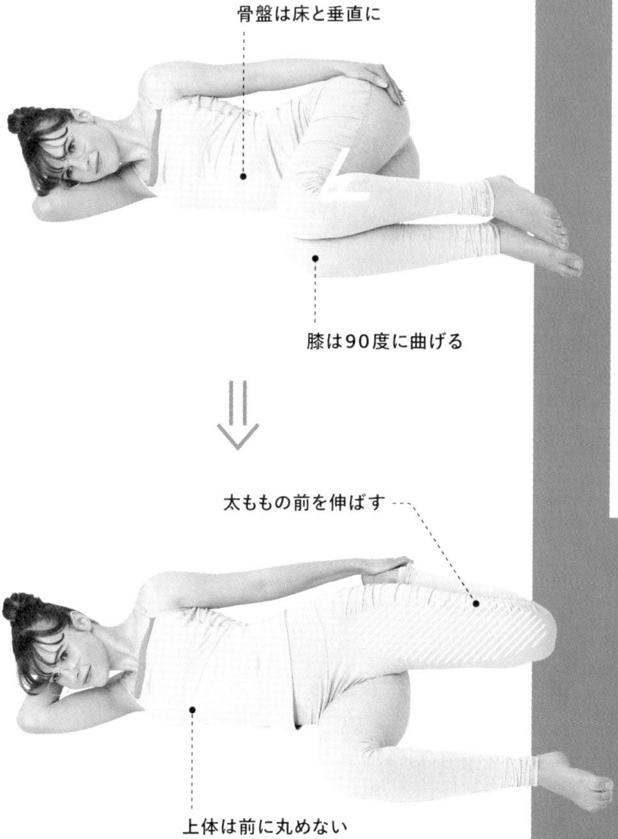

骨盤は床と垂直に

膝は90度に曲げる

太ももの前を伸ばす

上体は前に丸めない

1 右肩を下にして横になります。右腕に頭を乗せ、左腕はカラダに添えます。膝は90度に曲げます。

2 左手で左の足首を持ってお尻にかかとをつけるようにして引っ張り、太ももの前を伸ばして30秒キープ。

左右各 **30**秒 ×2セット

61

大腿筋膜張筋

だいたいきんまくちょうきん

やだぁ～

インナーマッスルさん、
こわぁぁい

私って人より
頑張っちゃうん
ですよねぇ…♥

この筋肉は放っておけ！

MEMO

歩くときの歩幅が狭く、お尻から足を
動かしてない女子は、だいたいお尻
のインナーマッスルを「みな実」筋に
横取りされている。お尻の横にあり、
骨盤から膝まで伸びている。ヒールで
ペタペタと小股で歩く「自称・愛され
女子」に多い。

Muscle Character

- ○ 外ハリ脚を作る主犯格
- ○ お尻の筋肉と似た働きをする
- ○ ゆえにお尻のインナーマッスルの仕事を奪っちゃう♥
- ○ 負けず嫌い。ムダな頑張り屋

大腿筋膜張筋をゆるめておくと

外ハリ脚さんの

太もも&お尻がスッキリ

下の脚は膝を90度に曲げる

上の脚は股関節と膝を90度に曲げる

右膝が頭とお尻の延長線上に

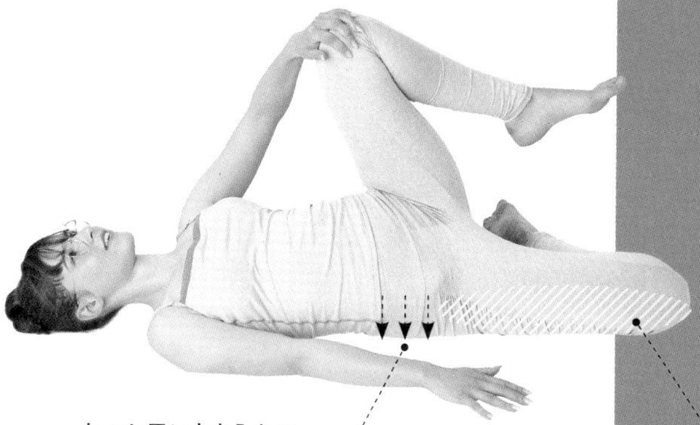

右のお尻に力を入れて
膝の右側を床に押しつける

右ももの
外側を伸ばす

1　右肩を下にして横になります。右膝と左の股関節
　　を90度に曲げます。

2　右の膝と腰を床につけたまま、左膝を開いて右の
　　大腿筋膜張筋を伸ばして30秒キープ。

左右各
30
秒

×2セット

63

脚の脂肪を減らす必勝法

　ボディラインを作るにはエクササイズが有効ですが、脂肪を落として脚全体を引き締めるには、食事のコントロールしかありません！ ポイントは、摂取カロリーが消費カロリーを上回らないことと、代謝を落とさないこと。

　前者は、つまりは食べすぎないこと。起きている時間が長いときや、空腹時、また目の前にお菓子があると、つい誘惑に負けてオーバーカロリーに。後者はたんぱく質をしっかり摂ることで筋肉量を減らさないことが大切です。たんぱく質は脂質の少ない鶏むね肉がおすすめ。代謝の際に起こる化学反応では必ず水が必要なので、水もしっかり飲みましょう！

だいどー式・必勝法10カ条

1 • **ちゃんと寝る** • 食べる時間を減らす

2 • **体重計に乗る** • 食事量が合っているか確認できる

3 • **水をこまめに飲む** • 代謝のいいカラダにする

4 • **お腹が空いたら鶏肉を食べる** • たんぱく質で筋量をキープ

5 • **やせたい理由を書き出す** • 目的を明確にして挫折を防ぐ

6 • **視界からお菓子を追い出す** • 誘惑に負けない

7 • **お腹が空いたら鶏肉を食べる** • たんぱく質は熱産生も高い

8 • **空腹時に食べ物を買わない** • 買いすぎてしまうので歯止めをかける

9 • **お腹が空いているとき以外食べない** • ながら食べはダメ

10 • **お腹が空いたら鶏肉を食べる** • いや、だから、たんぱく質!!

4・7・10 が同じなのは誤植ではありません。
大切なことなので、3回言いました。　by だいどー

時間対効果を上げる！

脚を細くするなら
「ペアで鍛える」と効率がいい！

LESSON 2

だいどー式・4ローテーションメソッド

筋肉には「仲良しペア」がある

筋肉の仕事量の配分を変える
筋肉のペアトレ

STEP1で股関節を外にねじるインナーマッスルを目覚めさせたので、次はその筋肉と連動する筋肉をペアで動かせるようにします。ペアで使えると、**すべての筋肉が均等に動くようになり、重心のバランスが整いやすくなります。**

筋トレは狙った筋肉を鍛えますが、美脚のためには、特定の筋肉に負荷をかけず、どの筋肉もバランスよく動かせるようにします。筋肉を鍛えるのではなく、働きすぎの筋肉は仕事を減らし、サボりがちな筋肉は仕事を増やして、筋肉の仕事量を平均化することで、強い筋肉に頼らず、最小限の筋肉で姿勢を作るのです。

ペアの筋肉は切磋琢磨する
ライバルであり仲間である

股関節を自由自在に動かす筋肉には、ベストな組み合わせがあります。脚を曲げる、伸ばす動

作をする「**腸腰筋**」×「**ハムストリングス**」、股関節を内と外にねじる、脚を外に広げる、内に入れる「**内転筋**」×「**臀筋**」です。これらがペアでエクササイズをすることで、股関節の6種類の動きをすべて網羅でき、どの動きもスムーズにできるようになります。

　筋肉は単独で働くわけではありません。例えば、腕に力を入れると力こぶができますね。でも収縮したこの筋肉は自ら元に戻ることはできず、裏側にある筋肉が収縮することで戻ります。どちらかが縮めば、他方はゆるみます。力を出して縮む筋肉を**主動筋**、もう一方の緩む筋肉を**拮抗筋**といい、一般的な筋トレでは主導筋を鍛えます。

　しかし、だいどー式の美脚エクササイズでは、主動と拮抗の関係を作らず、ペアの筋肉は仲良く切磋琢磨しながら両方のエクササイズをバランスよくするのが特徴です。

　例えば腹筋ばかりを鍛えると、腹筋が収縮してしまって、前かがみの姿勢になりやすく背中が丸くなります。筋肉の美しさや大きさを競うボディビルダーならいいのですが、美脚を目指すなら、腹筋も背筋もバランスよく鍛えて、働きすぎの筋肉太りと、サボりすぎの脂肪太りをなくしたいのです。ペアで鍛えると、このアンバランスが減るので、**脚の筋肉や脂肪のつき方が変わり、美脚ラインができ上がる**のです。

主動筋と拮抗筋

互いに収縮と弛緩をしている筋肉のこと。例えば上腕二頭筋が主動筋、その裏側の筋肉の上腕三頭筋が拮抗筋になります。

アクセル役の熱血ハム＆
バネ役の腸腰筋の最強タッグ

Muscle Character

- 歩きをスムーズにするアスリート筋
- サボった分だけパフォーマンスは落ちる
- ハムの檄に応え、腸腰筋はさらに飛躍
- 二人三脚で目指せ、ウィンブルドン!!

MEMO

熱きアスリート筋ペア。ハムストリングスが弱いと、お尻を使いにくいため、腸腰筋もサボりがち。ももの裏に隠れながらも、努力を惜しまないハムの声援があってこそ、驚異的な跳躍力を腸腰筋が生み出す。そう、2人はお互いを高め合っているのだ!

キュッと引き締まった裏もも
スッキリした前ももで
動ける股関節に

　腸腰筋は背骨・骨盤と太ももの骨をつなぐインナーマッスルで、体幹の重要な筋肉です。股関節を曲げて脚を引き上げるのに使います。ここが弱いと、骨盤と膝をつなぐ太ももの外側の筋肉が代償して股関節の動きが不安定になります。

　ハムストリングスは、お尻の下からふくらはぎにかけての裏もも筋肉。歩くとき、脚を前へ進めるための重要な筋肉。ここをうまく使えないと前ももを使ってしまいます。

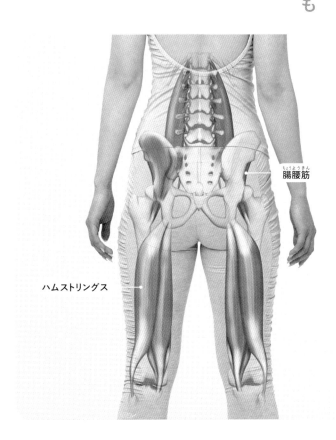

腸腰筋

ハムストリングス

腸腰筋とハムストリングスは なぜペアなのか？

Point

☆腸腰筋が固くて短くなるとそり腰になる

☆ハムストリングスが固くて弱いと猫背になる

☆ハムストリングスを使うのが女性は苦手な人が多い

☆腸腰筋とハムストリングスがバランスよく働くと 歩きが美しくスムーズになる。

【腸腰筋×ハムストリングスのペアでできる動き】

腸腰筋は股関節を曲げる動き（屈曲）、ハムストリングスは股関節を後ろに伸ばす動き（伸展）に必要な筋肉です。この動きがバランスよくできるようになると歩くのがスムーズでラクになるのですが、多くの女性は股関節を後ろに伸ばしてハムストリングスを使うのが苦手。そのため裏ももがたるみやすくなるのです。

【美脚と腸腰筋、ハムストリングスの関係】

腸腰筋とハムストリングスをバランスよく鍛えると、カラダを支えやすくなり、後ろ足で地面を押して歩けるようになります。すると、前ももでブレーキをかけたり、ふくらはぎで加速して歩かず、腸腰筋とハムストリングスで上半身のバランスを保ちながら歩けるようになります。その結果、裏ももは引き締まり、前ももやふくらはぎはスッキリします。

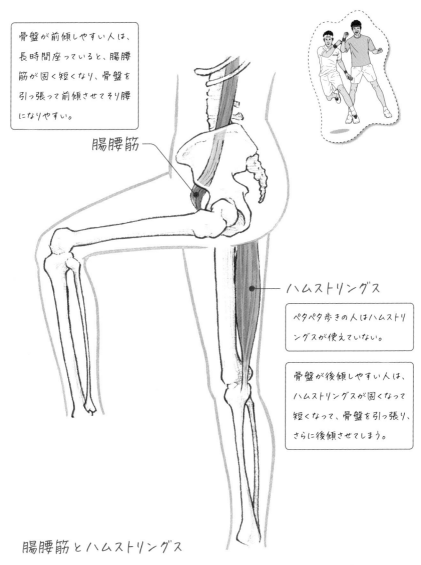

骨盤が前傾しやすい人は、長時間座っていると、腸腰筋が固く短くなり、骨盤を引っ張って前傾させてそり腰になりやすい。

腸腰筋

ハムストリングス

ペタペタ歩きの人はハムストリングスが使えていない。

骨盤が後傾しやすい人は、ハムストリングスが固くなって短くなって、骨盤を引っ張り、さらに後傾させてしまう。

腸腰筋とハムストリングス

足踏みをしたとき、左右差があったり、上がりづらかったりする人は腸腰筋が弱い人です。ハムストリングスは股関節が後ろに伸びる（伸展）ことで、収縮して力を出します。

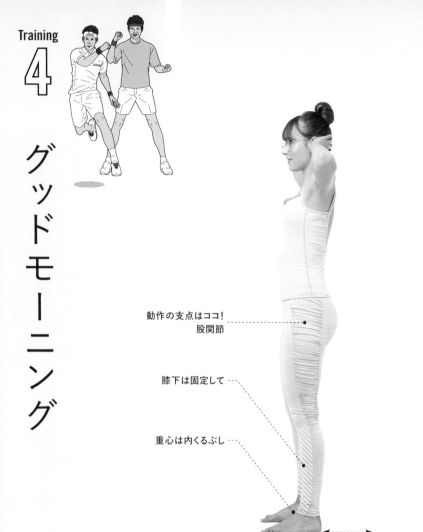

Training

4

グッドモーニング

動作の支点はココ！
股関節

膝下は固定して

重心は内くるぶし

壁から1〜1.5足分離れて立つ

重心のバランスを
整えてからスタートする

背筋を伸ばして直立し、脚を腰幅に開いて壁の前に立ちます。手は頭の後ろで組みます。カラダを前後にゆらゆらと揺らして、バランスがいいところからスタート。

上半身はまっすぐをキープ

壁に向かってお尻を突き出す

自分の体重で
負荷をかけることを意識

「これ以上はきつい!」と
いうところまで
お尻を引くと裏ももが
ピーン!と張る感じ!

膝の力は抜く

自分の体重を使って
お尻を後ろに引いてカラダを前に倒す

背筋を伸ばしたまま、ゆっくりカラダを前傾させ、これ
以上はきついと感じるところまでいったら、ゆっくりと
元の位置に戻します。

15
回

×2セット

膝に力が入っている

股関節を曲げてカラダを前に倒したとき
に、膝に力が入り、大きく曲げてしまわな
いように。お尻と裏ももの筋肉を使って
股関節を曲げたいのに、よく似た動きを
する前ももの筋肉を使ってしまいます。

腰が丸まっている

股関節が曲がっていない

カラダを前に倒すとき、頭が下がるのは
NG。股関節を曲げることでカラダを倒し
たいのに、腰を丸めることになってしまい、
お尻と裏ももの筋肉が使われにくくなり
ます。

お互い支え合う美尻の女神
ゴージャス姉妹

姉は今日も
ファビュラスです

人生はプレシャスで
尊いものよ

Muscle Character

- 下半身の美を象徴するお尻の女神（姉）
- 内ももをたるませない美脚の女神（妹）
- 外に体重が逃げず、お尻を使って歩けるようになる
- ボーダレスなお尻と太ももに境目を作る

MEMO

臀筋を支えるかけがえのない存在が、内転筋（妹）。お尻の筋肉である臀筋（姉）が活躍できるように支える、縁の下の力持ちである。また内転筋も、臀筋があることで骨盤の安定性が高まる。代謝アップにも欠かせない、ダイエット筋。

まっすぐに伸びて
内ももにすき間のある
脚こそが美脚

内転筋は太ももの内側の筋肉で、大内転筋、長内転筋、短内転筋、小内転筋、恥骨筋、薄筋の6つの筋肉の総称です。脚を閉じるのに必要な筋肉なので、脚をカラダの中心に集めてまっすぐ長く見せる働きがあります。臀筋はお尻の筋肉のことで、表層の大臀筋やお尻のトップ部分の丸みを持たせる中臀筋と、深層部の股関節の動きを安定させる外旋六筋です。内転筋の支えによって脚とお尻の境目をつくる中臀筋と外旋六筋は、美脚には不可欠な姉妹のように助け合う筋肉。

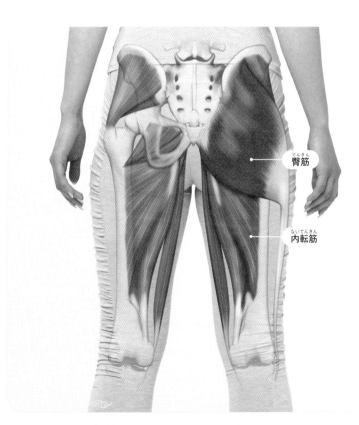

臀筋

内転筋

内転筋(恥骨筋)と
臀筋(外旋六筋)はなぜペアなのか?

Point

☆ 内転筋が弱いとお尻の筋肉が働きにくくなる

☆ 外旋六筋が働かないと
　　外ももに負担がかかりやすい

☆ 内転筋と外旋六筋の力のバランスが整うと、
　　重心がカラダの外側に逃げにくくなり、
　　外ハリ脚の解消になる。

【内転筋×外旋六筋のペアでできる動き】

美脚になるために最も重要といっていい内転筋の1つである「恥骨筋」は、股関節を内側にねじる、外旋六筋は股関節を外側にねじるという働きをします。外ハリ、前ハリ脚で悩んでいる人には、内転筋(恥骨筋)と外旋六筋をバランスよく使えない人が圧倒的に多い。股関節が内に強くねじれて固まってしまって、外ももや前ももが張り出してしまうのです。

【美脚と内転筋(恥骨筋)、外旋六筋の関係、ハムストリングスの関係】

内転筋(恥骨筋)がしっかり働くと、脚を閉じて立ったり座ったりできるようになり、脚がまっすぐ長く見えるようになります。ハムストリングスの内側(半腱様筋と半膜様筋)には、股関節を内にひねる働きがあります。内ももと裏ももをほどよく使い、たるみの防止にもなります。外旋六筋を使えるようになると、内に巻いた股関節を外へと矯正できるので、外ハリ脚になりづらくなります。

股関節を外にねじる動きができるように、拮抗する筋肉も働くようになるので内にねじる力も強くなる。するとお尻のインナーマッスルである外旋六筋が使いやすくなり、股関節の動きが安定するので、足踏みなどの動作がしやすくなります。

内転筋が働くと、脚をカラダの中央に集められるので、太ももの外側に体重が逃げづらくなります。

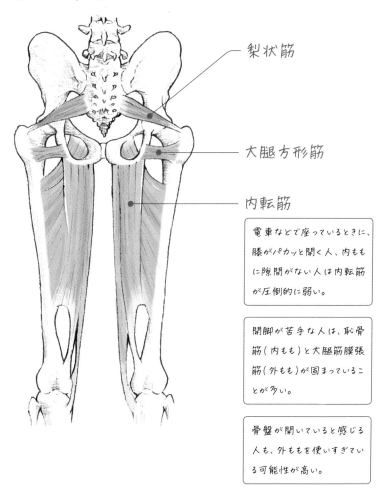

梨状筋

大腿方形筋

内転筋

電車などで座っているときに、膝がパカッと開く人、内ももに隙間がない人は内転筋が圧倒的に弱い。

開脚が苦手な人は、恥骨筋（内もも）と大腿筋膜張筋（外もも）が固まっていることが多い。

骨盤が開いていると感じる人も、外ももを使いすぎている可能性が高い。

内転筋と臀筋（中臀筋）は なぜペアなのか？

<u>Point</u>

☆ 内転筋と中臀筋でカラダの軸をつくる

☆ 姿勢が整えば、
　余計なところに筋肉や脂肪がつかない

【内転筋×中臀筋のペアでできる動き】

内転筋は、股関節を内側にねじるだけでなく、内側へ閉じて左右の脚を交差させる、文字通り内転という動きをする筋肉です。一方、中臀筋は股関節を外側へ開いて脚を横に出す外転という動きをします。ともにバランスよく働くことで、カラダがぶれるのを防いで軸が通り、内側や外側に体重が逃げにくくなります。

【美脚と内転筋、中臀筋の関係】

美脚になるための条件は、カラダのゆがみが少なく、外側に重心が逃げないような姿勢を保つこと。カラダが横にぶれ、内側に力が入らないアンバランスを整えてくれるのが内転筋と中臀筋。姿勢が整うので、ゆがみを筋肉で支えることがなく、局所的な筋肉太りや脂肪太りを回避できるのです。

中臀筋は日常生活で使うシーンが少なく、固くなりやすいのが弱点です。片脚立ちでフラフラする人は中臀筋が弱いか、うまく働いていない人。エクササイズではどこが中臀筋なのか、場所をしっかり理解＆意識をして行いましょう。

外ももはパワーの強い筋肉なので、すぐに使ってしまい、外重心のカラダの使い方になりやすくなります。そこで踏ん張るのが内転筋。中臀筋と同様、日常生活であまり使わないので、衰えるのも早いけど、一度使えるようになると、お尻や脚のラインの変化が出やすい部位。

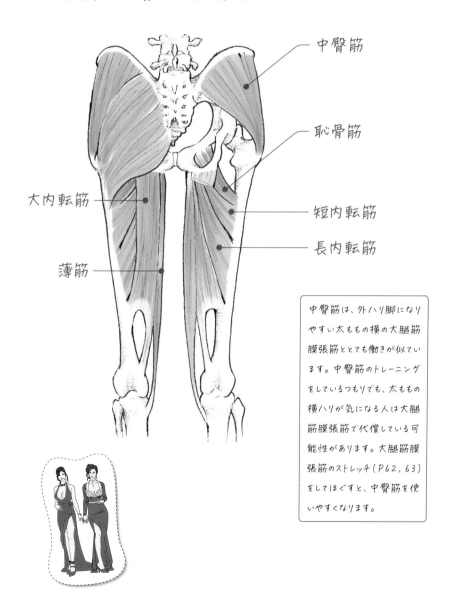

中臀筋

恥骨筋

大内転筋

短内転筋

長内転筋

薄筋

中臀筋は、外ハリ脚になりやすい太ももの横の大腿筋膜張筋ととても働きが似ています。中臀筋のトレーニングをしているつもりでも、太ももの横ハリが気になる人は大腿筋膜張筋で代償している可能性があります。大腿筋膜張筋のストレッチ（P62, 63）をしてほぐすと、中臀筋を使いやすくなります。

5

クラムシェル

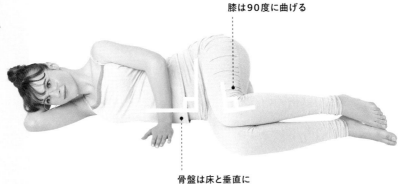

膝は90度に曲げる

骨盤は床と垂直に

骨盤と床を垂直にした姿勢を
キープできたらスタート

右肩を下にして横になり、骨盤を床に対して垂直にし、
両膝は90度に曲げます。右手は頭の下に置き、左手
はカラダの前に置いて床を軽く押します。

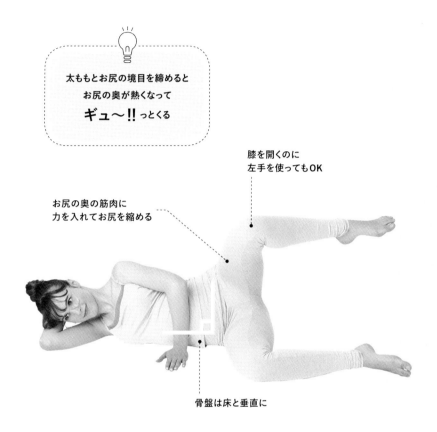

太ももとお尻の境目を締めると
お尻の奥が熱くなって
ギュ〜!! っとくる

膝を開くのに
左手を使ってもOK

お尻の奥の筋肉に
力を入れてお尻を縮める

骨盤は床と垂直に

お尻の奥のほうの筋肉を使って
膝を開く

左右の股関節を離すような感覚で、膝を上に開いて
お尻の中心を寄せるようにします。反対も同様に行い
ます。

左右各
10
回

×2セット

NG例

お尻に力が入っていない

股関節が外にねじれていない

骨盤が後ろに倒れている

Error Check

膝を開くとき、カラダが後ろに倒れると、
股関節を外にねじれずに、お尻の筋肉を
使う感覚にはなりません。カラダが倒れ
てしまう場合は、背中を壁につけて、左手
で床をしっかり押さえて行いましょう。

太ももの力で脚を上げている

膝が伸びている

股関節が曲がっていない（膝を抱えられていない）

膝を伸ばすと、太ももの筋肉が使われやすくなります。股関節を曲げたまま行うことで、脚の付け根の奥の筋肉にアプローチできます。膝が伸びやすい人は、はじめにしっかり膝を抱えた姿勢を作りましょう。

Training 6

スタンドアブダクション

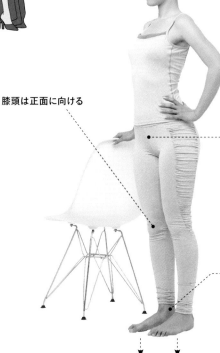

膝頭は正面に向ける

横から見たときに
足首の上に股関節がくる

重心は内くるぶしに

左右の脚に均等に体重を乗せる

左右の脚にバランスよく
体重を乗せて姿勢を整える

イスの左側に立ちます。膝頭は正面に向け、足首の
上に股関節がくるようにまっすぐに立ちます。右手は
イスの背を持ち、カラダを支えます。

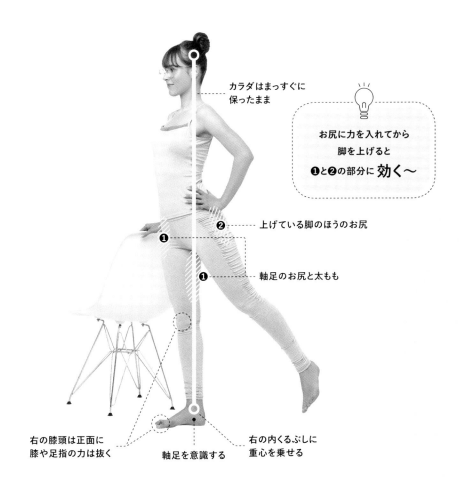

カラダはまっすぐに
保ったまま

お尻に力を入れてから
脚を上げると
❶と❷の部分に **効く〜**

❷ 上げている脚のほうのお尻

❶ ❶

❶ 軸足のお尻と太もも

右の膝頭は正面に
膝や足指の力は抜く

軸足を意識する

右の内くるぶしに
重心を乗せる

お尻の筋肉を使って後ろに脚を引き上げ
内ももの筋肉で戻す

右脚を軸足にして、軽くかかとを寄せながらお尻に力
を入れて、左脚を左斜め後ろに伸ばして20回。反対
も同様に行います。

左右各
20
回

×**2**セット

前ももが張る

足を斜め前や横に出している

脚を斜め後ろに引いているつもりが、真横や前に出してしまうと、美脚どころか前ハリ脚になります。前ももを使っている感覚がある人は、脚を上げる方向を見直してみましょう。

カラダが倒れる

内もも・お尻の力が抜けている

軸足の外側に体重が乗っている

脚を後ろに引き上げるとき、カラダも同
時に倒れてしまうことがあります。このと
き、体重を支えるのは、右の軸足の外もも。
脚を上げるときも、お尻を締めて、骨盤と
頭の位置を固定しておくことを意識しな
がら行いましょう。

\ SNSでバズった /
「勝利のプロテイン」の作り方

だいどー式のプロテインは、水100㎖、豆乳100㎖、レモン果汁5㎖、ヨーグルト味のプロテイン30g。一杯173㎉、でたんぱく質は1日の理想の摂取量の半分くらいの28.4gも摂れます。「これってプロテインなの?」と思うほどエグさが一切なく、爽やかで美味しい。これは優勝。

だいどー式・勝利のプロテインの黄金比はこれだ!!

水 **100㎖** + **豆乳** **100㎖** + **レモン果汁** **5㎖** + **ヨーグルト味のプロテイン** **30g**

※ゴールドジム(GOLD'S GYM)ホエイプロテイン ヨーグルト風味を使ってます。

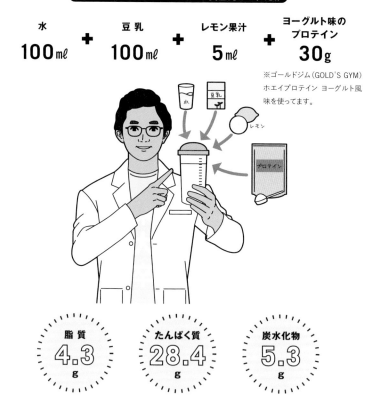

脂質 **4.3** g

たんぱく質 **28.4** g

炭水化物 **5.3** g

氷を入れてハイボールのように飲むとおいしい!
by だいどー

LESSON 3

だいどー式・4ローテーションメソッド

やせる歩き方、最強説

お尻の筋肉を使って
歩けるカラダになる!

1分で理解

前ももで歩くな！
お尻で歩け！

お尻だけを狙って動かせる
股関節エクササイズの仕上げ

　LESSON 1、2で股関節を支えるインナーマッスルを目覚めさせ、アウターマッスルとともにバランスよく使えるようになっても、まだ美脚にはなれません。これらの筋肉を使って、立つ、座る、歩くといった日常の動きができることで、日々の積み重ねが脚のラインを作ってくれます。

　股関節はとても可動域の広い関節なので、似たような股関節の動きでも、**膝が曲がっているかなど、行う姿勢によって、連動する筋肉が異なります。**

　例えばLESSON 1の外旋スーパーマン（P52参照）と、LESSON 2のクラムシェル（P82参照）はともに股関節を外にねじる動作ですが、違う姿勢で行うと、使うお尻の筋肉が変わります。

　そこで注目したいのが、**お尻の大きな筋肉だけを狙ってエクササイズをすること**です。お尻を使っているつもりでも、裏ももにしか効いていない場合があります。お尻と太ももは場所は近いけれど、股関節の使い方が違うと、お尻の筋肉を連動させることができません。いつまでたっても太ももへの負担は減らないし、ヒップアップの効果を得られません。

股関節を外にねじる、伸ばすで
お尻を徹底的に使う

日常生活でお尻を使えていない人の典型は、小股で膝を曲げてペタペタと音をたてる**太脚になる歩き方**をしています。股関節が前に曲がると膝も曲がるので、前ももに力が入りやすくなります。**前ももは「ブレーキ筋」**ともいわれ、スムーズに歩く流れにブレーキをかけてしまいます。下り坂を歩くとき、転ばないように前ももでブレーキをかけますが、その歩き方を普段からしていることになります。

前ももを極力使わない**美脚になる歩き方**。それはお尻を使うこと。脚を前に出して歩こうとするのではなく、後ろ脚を残す意識で歩きます。お尻を使うには、脚の付け根を前にいる人に見せるように、**お尻を締めて、後ろ脚をギリギリまで地面につけるイメージ**で歩きます。すると、脚を前に出すのではなく、腰から進んで脚が勝手についてくるような歩き方になり、お尻の筋肉を使えます。

歩行中、足の接地時の脚への負担は、体重の1.2〜2倍くらいと個人差があります。1.2倍と2倍の違いを毎日繰り返していたら、脚の太さに明らかに違いが出ます。

太脚になる歩き方

股関節に近いお尻の筋肉ではなく、似た働きをする前ももを使ったり、足首を使ってしまったりして、太ももやふくらはぎが太くなります。

美脚になる歩き方

股関節を外にひねって、脚が振り子のように勝手に前に出るので、無駄な筋肉を使いません。

ちょっと歩くだけでも
ふくらはぎが張ってきます。
「お尻で歩け！」って言われても
その感覚がわかりません〜。

先生！
質問です！

お尻に少し筋肉がつけば

わかるようになってますよ！

あとは　前ももの筋肉による

ブレーキ をかけないように。

いい質問ですね

お尻をオートマチックに使えるようになる　方法を
次のページから解説します。

歩き方を劇的に変える！
お尻トレーニングをプラス

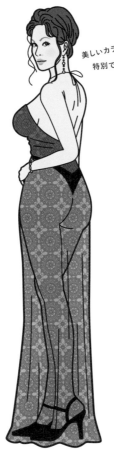

美しいカラダでいることは
特別ではなく、当たり前

Muscle Character

- 臀筋には3つの役割がある
- ヒップアップ担当の「大臀筋」
- トップに丸みを出す「中臀筋」
- 最も深くにある「小臀筋」

次ページで紹介するヒップリフトは、
中殿筋メインがA、
大臀筋メインがBになります。

ヒップライン作りは
臀筋たちのおかげで
自由自在にできる

　お尻を作る筋肉の中で最も表層部にあって面積の大きいのが大臀筋です。座りっぱなし、立ちっぱなしなど長時間同じ姿勢をしている人は衰えやすく、たれ尻になる危険性が高い。大臀筋の上側にあって、丸いセクシーなお尻を作ってくれるのが中臀筋。中臀筋をはがしたところでサポートをしてくれるのが小臀筋です。お尻のエクササイズをしても形がキレイにならない人は、小臀筋を使えていない可能性大です。

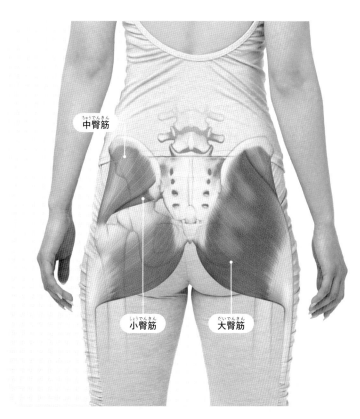

中臀筋

小臀筋　　大臀筋

ワイドヒップリフト

お尻のトップを立体的にしたい人

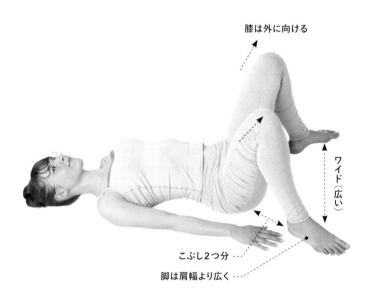

膝は外に向ける

ワイド（広い）

こぶし2つ分

脚は肩幅より広く

リラックスして仰向けになり
肩幅より広く脚を開く

仰向けになり、膝を立てて肩幅より広めに脚を開きます。膝が内側に向かないようにしましょう。腕は力を抜いてカラダの横に置きます。

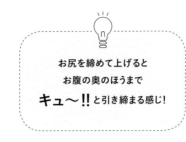

お尻を締めて上げると
お腹の奥のほうまで
キュ〜!! と引き締まる感じ!

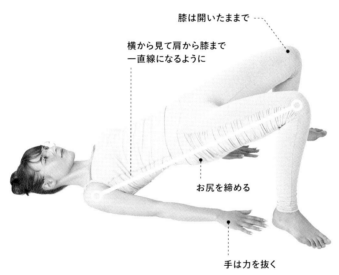

膝は開いたままで

横から見て肩から膝まで
一直線になるように

お尻を締める

手は力を抜く

お尻をしっかり締めて
お尻の力で腰を持ち上げる

膝を開いたままお尻を締めて、股関節を上に突き出
すようにしてお尻を持ち上げます。

15回
×2セット

7B

ナローヒップリフト

お尻全体を引き締めたい人

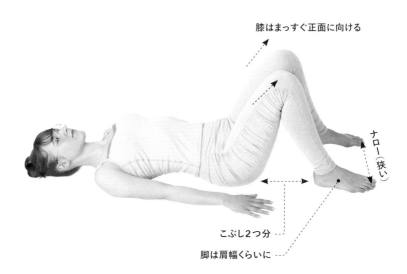

膝はまっすぐ正面に向ける

ナロー（狭い）

こぶし2つ分

脚は肩幅くらいに

リラックスして仰向けになり
肩幅くらい脚を開く

仰向けになり、膝を立てて肩幅と同じくらい脚を開きます。膝が内側に向かないようにしましょう。腕は力を抜いてカラダの横に置きます。

O脚の人はナローがおすすめ!
膝にクッションを挟むと
内ももとお尻に効く!

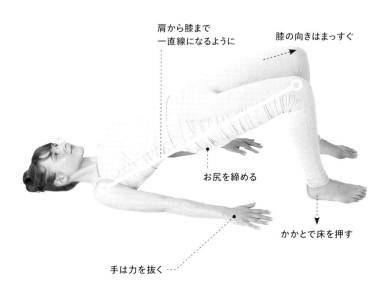

肩から膝まで
一直線になるように

膝の向きはまっすぐ

お尻を締める

かかとで床を押す

手は力を抜く

お尻をしっかり締めて
お尻の力で腰を持ち上げる

膝の向きをまっすぐにしたままお尻を締めて、股関節を上に突き出すようにしてお尻を持ち上げます。

15
回

×2セット

膝頭が内側を向いてしまう

脚の付け根の部分が伸びていない

内股になる

お尻を持ち上げるときに、膝頭が内側に
入ってしまうのはNG！股関節を外にひね
ることができないので、お尻の筋肉を使
わずに、お尻を上げることになります。前
ももに力が入ってしまう人は注意。

おへそを突き出している

腰をそっている   手の力で腰を上げている

お尻を上げるときに、お尻を締めずにお
へそを突き出したり、腰をそらしたりしてし
まうのはNG。股関節を使ってお尻を締め
なくても、腰をそらすことで、カラダを持
ち上げることができてしまいます。

8

ウォールスクワット

頭からお尻まで壁につける ┈┈┈┈┈┈┈┈

つま先の方向に膝を向ける ┈┈┈┈┈┈

かかとは壁から少し離す ┈┈┈

足幅はこぶし1〜2個分

膝をしっかり外に向ける
スタートポジションが重要

頭からお尻まで壁にくっつけて立ちます。脚は肩幅に
開き、つま先と膝は外に向けます。手は頭の後ろで組
みます。

壁に背中をつけておくことで
まっすぐしゃがめて
お尻だけに集中できる!

頭からお尻まで壁から離さない

深くしゃがまなくてOK

膝の力を抜いて
両膝をつま先より外に開く

両足同時の
クラムシェルを行う
イメージ

親指が浮かないように注意!

小指側から
かかとに体重を乗せる

足裏はしっかり床につけ、
背中を壁に沿わせながら膝を開く

頭からお尻まで壁に沿わせたまま、ゆっくり膝を開き
ながらお尻を落とします。しゃがむときはつま先が膝
より外を向くように開いて足の裏、特に親指の付け根
はしっかり床につけます。

15回

×2セット

NG例

背中が壁から離れている

お尻の力が抜ける

股関節が内側にねじれている

前ももに効いてしまう

しゃがむとき、カラダが前に倒れてしまう
と、重心がつま先寄りになってお尻では
なく、前ももの力を使ってしまいます。そ
の分、お尻の力が抜けてしまって臀筋の
トレーニングになりません。

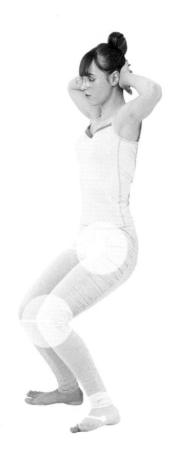

股関節が内側にねじれている

膝が内側に入っている

小指側の足裏が浮いている

しゃがむとき、小指側の足裏が浮いて、膝が内側に入ると、股関節を内側にねじってしまうことになります。お尻を鍛えたいはずなのに、負荷がかかるのは太くしたくない前もも。たくましい太ももになってしまいます。

お尻を小さくするストレッチ3選

普段からお尻を使う意識がなく、実際に使えていない人は、内ももや脚の付け根、裏ももが固くなっている可能性大！ この3つの部位のストレッチしてお尻の筋肉を使いやすくしましょう。

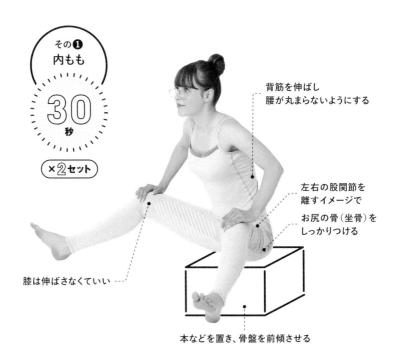

その❶
内もも

30秒

×2セット

背筋を伸ばし
腰が丸まらないようにする

左右の股関節を
離すイメージで
お尻の骨（坐骨）を
しっかりつける

膝は伸ばさなくていい

本などを置き、骨盤を前傾させる

力が入らない、たるみがちな内もも

本などの上に座って開脚します。軽く膝を曲げ、手は膝の上に置きます。手で太ももを外側に押し開きながら、へそを床に近づけて内ももを伸ばして30秒キープ。

前と外ももが固い人は腸腰筋も固い

1　左膝を床につき、右膝で膝立ちにな
り両脚に均等に体重を乗せます。

2　骨盤を前にスライドさせたら30秒
キープし、1の姿勢に戻ります。

その❷
脚の付け根
左右各
30
秒

×2セット

膝は90度に
曲げる

左右の脚に均等に体重をかける

背筋を伸ばしたまま

左の足の付け根（腸腰筋）
を伸ばす

骨盤を前にスライドさせる ◀----

お尻が使えない人は裏ももがたるむ

1 肩幅くらい脚を開いて前屈をして足首を両手でつかみます。

2 かかとを浮かさないように。膝を伸ばしながら足裏全体でお尻を上げ30秒キープ。**1**の姿勢に戻ります。

その**3**
裏もも
30秒

×2セット

裏ももが伸びるのを感じる

目線は足もと

つま先と膝は外に開く

膝は伸びきらなくてもOK

お尻の筋肉に代わって働く3つの筋肉をほぐす

股関節まわりの筋肉が固くなっている人は、下半身のエクササイズでお尻が使えていない場合があります。膝を開くのが苦手な人は内もも、外ももや前ももばかりエクササイズで使ってしまう人は脚の付け根の、前屈が苦手、長時間座ることが多い人は裏もものストレッチが必須です。

ESSON 4

いどー式・4ローテーションメソッド

足裏、足首を軽んじることなかれ!
「地球に正しく立てた者だけが
"歩いて細く"なれる」

超コスパ 美脚筋トレ
LESSON 4

1分で理解

足指・足首をやわらかくすると立ちやすくなる

足指の浮きと足首のねじれで美脚は遠のく

　美脚を目指すには、股関節と同様に、足指・足首も正さなくてはなりません。足はカラダの中で唯一地面と接して体重を支えています。しかし、**足指5本が地面についていないと、地面との接地面積が減り、立ったときにふらついて姿勢と重心が崩れてしまいます**。そこでバランスをとるために頼ってしまうのが、前ももや外ももなど膝まわりの筋肉です。

　また足首がねじれて固いと、歩くときに足の運びがスムーズにいかず、地面を蹴ってふくらはぎを使いまくってしまい、結果、悲しくも「ししゃも脚」になってしまいます。

　ではなぜ足指が地面につかないのかというと、**足指の関節が固くなってしまっているから**。特に女性はヒールの高いパンプスなどを履くのでつま先重心になりやすく、足指で踏ん張って立つので、指が曲がったり、親指や小指が浮いてしまったりして、地面との接地面積が減ってバランスを崩します。

　また、足首のねじれは、股関節や膝下のゆがみが原因。特にO脚やXO脚の人はねじれて固くなりやすく、ふくらはぎが太い人が多いのです。

112

足指も足首もやわらかくなれば
美脚の可能性が広がる

　体育座りをしたとき、すべての指が床につかない人、片脚立ちでフラフラしてしまう人は、足指も足首もいい状態とは言えません。

　足指は、使いすぎ、もしくは使わなすぎて関節が固まっている人がほとんどです。1本1本ほぐしてやわらかくして、地面に5本がついて力を発揮し立てるのが**理想の足指**です。すると、立つのがラクになる、歩くのがラクになります。反対に足指が3本しか地面についていなければ、5本分の仕事を3本分でしなくてはいけないので、パワー不足で立ったときにフラフラして重心のバランスを崩してしまいます。

　また足首にねじれがある人は、ふくらはぎが外に張り出したり、すねにハリ感があったりするのが特徴です。足首がやわらかくなれば、**歩くのがスムーズになり、ふくらはぎの負担が圧倒的に減ります。**

　足指も足首もやわらかくして正しいポジションに戻すことで、本来の力を発揮できる、太ももやふくらはぎの筋肉の負担が減る、細くなる、むくみにくくなる、そして美脚になるのです。

理想の足指

正常な足指は5本とも床につくこと。つかない指は浮いてしまったり、地面のほうへくの字に折れ曲がって固まっている状態。足指関節ががちがちで動きません。

理想の足

浮き指

かがみ指

足指の関節の
やわらかさの目安

足指を曲げてグーにしたとき、手のようにくっきりとこぶしがでれば合格です。

「なんもしない人」ならぬ、「なんもしない足裏」に注意!

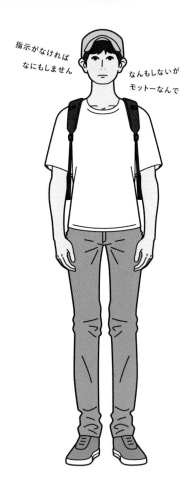

指示がなければ
なにもしません

なんもしないが
モットーなんで

Muscle Character

● 「地球の上にただ立つ」という仕事をこなす

● 足先にほとんど意識がいかないため、存在感の薄さがハンパない

● いざ動かそうと思っても、
「神経死んだんか?」と思うほど、カラダがいうことをきかない

　足指はしっかりと床につき、足指の関節はまっすぐ伸びていることが理想です。足の甲を真上から見たとき、足指の骨がまっすぐ伸びていることもバランスよく立てる条件です。

　足関節である足首のねじれは、膝や股関節のねじれが原因であることがほとんどです。すねの骨が外側に広がっている人、体重のわりにふくらはぎが太い人は、足首に原因がある可能性大です。

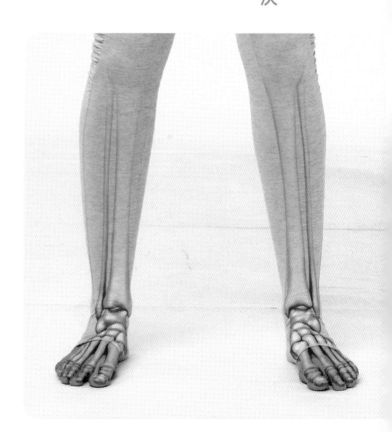

9 足首回し

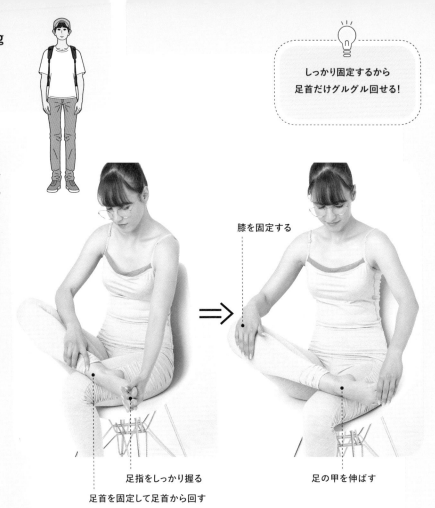

しっかり固定するから
足首だけグルグル回せる！

膝を固定する

足指をしっかり握る

足首を固定して足首から回す

足の甲を伸ばす

足首を大きく回し
手で抵抗をかけながら甲を伸ばす

1　イスに座って右の足首を左の膝の上に乗せます。右の足指に手の指を絡ませて足首を支点にして回します。

2　足指をつかみ、足の甲を伸ばします。

ゆっくり
外・内回し
10回
×2セット

116

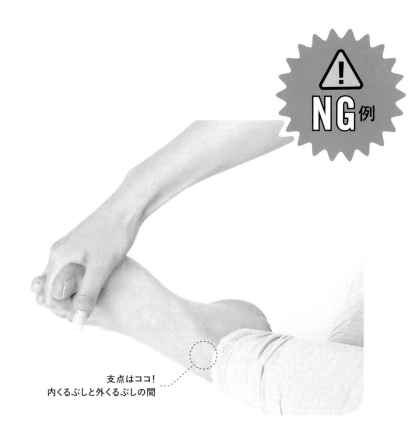

NG例

支点はココ！
内くるぶしと外くるぶしの間

足首を固定せずに回していると、足指だけしか回せません。内くるぶしと外くるぶしの間の部分を支点にして、できるだけ大きく回すことで、足首の骨（距骨）に正しく体重が乗るようになり、ふくらはぎの負担を減らすことになります。

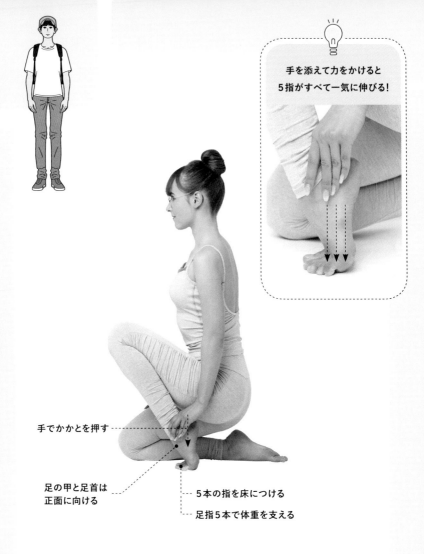

Training 10

足指アイソメトリック

手を添えて力をかけると
5指がすべて一気に伸びる!

手でかかとを押す

足の甲と足首は
正面に向ける

5本の指を床につける

足指5本で体重を支える

左右各
30
秒

×2セット

足指5本に均等に体重をかけて
体重を支える感覚を覚える

床に正座をし、左膝を曲げて左のつま先を床につきま
す。左手でかかとをグーっと押して足指5本に均等に
力がかかるようにします。

膝がまっすぐ正面を向いていない

かかとを床に向かって押せていない

足指が浮いている

立つ、歩くときなどに足指5本をすべて使う感覚を得るエクササイズなので、指が浮かないように意識すること。立っているときに指が浮いてしまうと、体重を足指で支えられないので、太ももやふくらはぎの負担になります。

カラダが整っていくのはパズルを解くのに似ている。

　最近ではありがたいことにTwitterやYouTubeで「みすたーだいどーのトレーニングで脚が細くなった」というお声をいただくことが増えています。また、僕のパーソナルトレーニングに通ってくださる方からも、脚が細くなった、姿勢がよくなった……などといった嬉しい変化の声をたくさんいただいています。

　本を読んでくれた皆さんにも何かしらの変化が出ていたら、この上なく嬉しく思います。

　ところで僕がなぜこんなに美脚の研究を熱心にしているのか……、それは普段の姿勢やカラダの使い方で修正すべきポイントを見つけ、それを改善することでカラダが整っていく過程がパズルを解くのと似ていたからです。

　カラダと向き合い、変わるためのピースを見つけられれば、それが美脚作りの成功へとつながります。

　これは誰にでもできること。そういう頑張る女性を応援するのが僕の仕事です。

　大学時代、茶道部で人をもてなすことの楽しさを知りました。トレーナーになった今は、自分の美脚プログラムが多くの女性の輝きの源になっていることにやりがいを感じています。

自身のスタイルに自信を持てずに悩む女性の助けになりたくて、僕は美脚作りのプロを名乗り、美しいカラダを作る方法を研究し、おもてなしの心でトレーニングを共にしています。

　その一環で、美脚づくりの具体的なストレッチやトレーニングの「方法」を知りたい方のためにYouTubeで動画を無料で公開しています。『みすたーだいどー 30日美脚チャレンジ』で検索していただくと、エクササイズ動画の再生リストが出てきます。
　今後の発信のために、TwitterやYouTubeのコメントなどで **#脚やせ大全** とハッシュタグを付けて感想を送っていただけると嬉しいです。

　最後に、僕をパーソナルトレーナーに育ててくださった師匠の久野さんに感謝申し上げます。
　また、この本を読んでくださった皆さん、SNSで応援してくださっている皆さん、元同僚でいつも刺激をくれるユウトレくん、そして僕の初著書の出版のチャンスを与えてくださったワニブックスの吉本光里さん、本当にありがとうございました。この場を借りて感謝申し上げます。

モデル／Angelina D（Acqua Models）

イラスト／内山弘隆

筋肉イラスト／吉岡香織（アスタリスク）・トキア企画

装丁・本文デザイン／木村由香利（986DESIGN）

撮影／長谷川梓

ヘアメイク／胡桃沢和久（K-Three）

構成／峯澤美絵

校正／深澤晴彦

編集／野秋真紀子（ヴュー企画）

編集統括／吉本光里（ワニブックス）

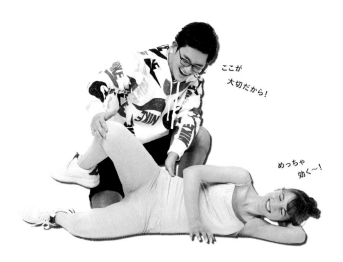

ここが
大切だから！

めっちゃ
効く〜！

東大卒トレーナーの
脚やせ大全

著　者　みすたーだいどー

2020年7月10日　初版発行

発行者　横内正昭
編集人　青柳有紀

発行所　株式会社ワニブックス
〒150-8482　東京都渋谷区恵比寿4-4-9　えびす大黒ビル
電話　03-5449-2711（代表）
03-5449-2716（編集部）
ワニブックスHP　http://www.wani.co.jp/
WANI BOOKOUT　http://www.wanibookout.com/

印刷所　凸版印刷株式会社
製本所　ナショナル製本

定価はカバーに表示してあります。
落丁本・乱丁本は小社管理部宛にお送りください。送料は小社負担にてお取替えいたします。ただし、古書店等で購入したものに関してはお取替えできません。

※ 本書のメソッドは著者独自のものであり、効果・効用には個人差があります。
※ 事故やトラブルに関して本書は責任を負いかねますので、あくまでも自己責任においてご活用をお願いいたします。
※ 本書のメソッドを行うことに心配や不安がある場合は、専門家や専門医にご相談のうえお試しください。

ISBN 978-4-8470-9932-8

\ あの大人気トレーナーから /

SPECIAL MESSAGE

だいどーさんに救われたお客様をたくさん知っています。みなさん美脚になり、人生を変えていました。その究極の美脚メソッドが世に出るのは嬉しくもあり、「僕の仕事が少なくなってしまうのでは」と少しの不安もあります（笑）。どうかだいどーさんを信じて、一緒に頑張ってください！

from
ユウトレ

河北
メイク論

02

YUSUKE KAWAKITA

PROLOGUE

僕は、

女性の【美しさ＝若さ】ではないと信じています。

10代の原石の美しさ、

20代の磨かれる美しさ、

30代の自信に変わる美しさ、

40代からは、自分と向き合う美しさ。

美しくなりたいと願う、全ての女性へ！

河北 裕介

CONTENTS 目次

around

10's

"
10代はいろんなことに挑戦してほしいし、
トライ＆エラーを経験すべき世代だと思う。それが
ゆくゆくは、素敵な大人になるための糧となる。
こんなメイクが好き、あのメイクも好きと、
いろんな自分の可能性を探ってみてほしい。
無理して大人っぽく気取る必要はないけれど
やってみなきゃ、わからないことばかりなんだから
"

浜辺美波
Profile

2000年生まれ。女優。2017年に映画『君の膵臓をたべたい』で第41回日本アカデミー賞 新人俳優賞などを受賞。以降、映画やドラマと多くの話題作に出演。最新情報が見られるTwitterは@MINAMI373HAMABE。

Casual

Chapter: *02* カジュアルメイク

素肌や唇が透けるように、

淡く血色をしのばせて。

頑張りすぎないメイクで自分らしく

Chapter: *03* マニッシュメイク

Mannish

いつもと違って大人っぽい──。

ときには、そんなギャップで

ドキッとさせる日があってもいい

Chapter: *04* エレガントメイク

Elegant

ドレスアップした日は

メイクも背伸びしてみよう。

"新しい私"と出会えるから

Chapter: 01

ナチュラルメイク

Natural

How to make-up

ベースメイクはAの下地のみを使い、パーフェクトな素肌に整えて。アイシャドウはBをアイホールにのばし、チークはCを薄くやや幅広めにブラシでひとはけ。

A ナチュラルに色ムラを補整し、キメの整った明るい肌に。クレ・ド・ポー ボーテ ヴォワールコレクチュール SPF25・PA++ 40g ¥6,500
B はればったく見えないダスティピンク。資生堂 マジョリカ マジョルカ シャドーカスタマイズ BE384 ¥500
C 軽やかにフィットするベビーコーラル。すっぴん風メイクになじむ透明感のある発色。SHISEIDO インナーグロウ チークパウダー 05 ¥4,000

Chapter: 02

カジュアルメイク

Casual

How to make-up

Aをアイホールになじませ、目のキワはBのブラウンリキッドで目尻を5mm水平に延長させて引き締める。チークは頬の内側を中心にDを指でなじませ、リップは薄づきのCを。

A シャンパンゴールドカラー。なめらかな感触でするりと密着。ローラ メルシエ キャビアスティック アイカラー 07 ¥3,000
B ブレずに描きやすいリキッド。ブラウンで目元を柔らかに。資生堂 マジョリカ マジョルカ ジェリリキッドライナー BR666 ¥950
C リップクリーム感覚で使えてほんのり色づくバーム。ヌーディなシアーモーヴ。NARS アフターグロー リップバーム 1383 ¥3,500
D 肌になじむとムース状からさらりとした質感に変化。SHISEIDO ミニマリスト ホイップパウダーブラッシュ 03 ¥4,000

4つのメイクを解説

Chapter: 03

マニッシュメイク

Mannish

How to make-up

アイホールにAをなじませ、アイラインはBの黒リキッドでキワ全体に描いたら、目尻部分を少し太くしてそこからキュッとはね上げライン。チークはDを薄く、リップはCを。

A 繊細なパールがきらめくローズゴールド。NARS シングルアイシャドー 5330 ¥2,500
B インパクトのある濃密な黒。こすれやにじみにも強い。資生堂 マジョリカ マジョルカ ジェルリキッドライナー BK999 ¥950
C つるんと薄づきで光沢のあるダスティローズ。くっきりと色づかないので濃い色が苦手な人でも使いやすく、つけ心地もライト。NARS リップスティック 2944 ¥3,300
D "チャイ"という色名のじんわりと温かみのある発色。ローラ メルシエ ブラッシュ カラー インフュージョン 06 ¥3,500

Chapter: 04

エレガントメイク

Elegant

How to make-up

ややグラデになるよう意識しながらAをアイホールになじませ、Bの黒リキッドではね上げラインに。リップはCを使って上唇をオーバー気味に。チークはレスするのが鉄則。

A ウォームブロンズ。ローラ メルシエ キャビアスティック アイカラー 14 ¥3,000
B 03のメイクと同じ黒リキッド。ラインの太さも調整可能。資生堂 マジョリカ マジョルカ ジェルリキッドライナー BK999 ¥950
C 濃密発色のボルドー。さらりとのびて唇を乾燥させず、マットな質感の美発色をロングキープ。クレ・ド・ポー ボーテ ルージュリキッドルミヌ マット 108 ¥5,000

MINAMI HAMABE ×

YUSUKE KAWAKITA

美波ちゃんの頭の回転の早さにいつも驚いてる

浜辺　河北さんとの撮影は、毎回面白いです(笑)。ご一緒させていただくのが今回で3回目なんですが、メイクルームではもちろん撮影時も盛り上げてくださるので笑いが絶えなくて。

河北　それはうれしいな〜。

浜辺　でもお会いする前は、すごく怖い人なのかなって思ってました。ポージングとかに関しても厳しいのかなって。

河北　えっ!(笑)。雑誌で使われる僕の顔写真が真顔のせいかな。

浜辺　それもあるのかな、だから最初はびっくりしました。

河北　こちらも驚きましたよ、逸材がここにいた〜って! 最初の撮影が終わってから大騒ぎしてましたから(笑)。回数を重ねるごとにポージングもめちゃくちゃ進化してるし、ちょっとビビってる

浜辺　ありがとうございます(笑)。

河北　美波ちゃんとは、話していてすごく地頭の良さを感じるんだよね。だってさ、10代の子としゃべってる気がしない。僕のしょもない古いギャグに対しても、世代ギャップがありすぎて8割くらい"は?"って感じだと思うんだけど、ニコニコしながら巧みに返してくれるのよ。で、"次は何欲しいの?"っていうジャブを打ってくる(笑)。あ、ちょっと僕の言葉が悪くてすみません。

浜辺　(笑)。でもたまにわかるギャグありますよ〜。

河北　もっと腕磨きますよ〜(笑)。

今まで見たことのない浜辺美波の新しい顔

河北　ところで今回の4パターンのメイクの中で、美波ちゃん的にしっくりきたものはあった?

浜辺　どれも素敵でした! あと河北さん、いつもメイクがめちゃくちゃ早いですよね。

河北　よく言われます(笑)。

浜辺　ちなみに個人的には、マニッシュメイクとエレガントメイクが好きでした。いつもと違う面を引き出していただけたと思って。私の顔ってメイクで本当にがらりと印象が変わるんですけど、普段はあまり冒険することがないので。

河北　世の中の美波ちゃんのイメージはかわいらしい感じだもんね。だからこそ僕はギャップを見せたかったし、そこもうまく演じ分けてくれてさすがだな〜と思いました。表情や髪の動かし方とか、こうかな、ああかなって。どのメイクの女性像も上滑りしていない感じ。だから本物になっていく。

浜辺　私は見慣れない自分の顔がすごく新鮮で、撮影していて楽しかったです。

人と比べず、自分の個性を伸ばしていきたい

河北　ところで美波ちゃんはいつから芸能界で仕事してるの?

浜辺　10歳です。

河北　ひゃー、じゃあ子供は芸能人にした方がいいのかなって思うわ。しっかりしてて礼儀正しいし、こんな風に育つんだったら。

浜辺　いろんな面で自分を客観視できるのはあるかもしれないです。

河北　そうだよね、常に人と比べられながら育つわけだもんね。僕だったらそんなバッチバチなやつ耐えられない(笑)。

浜辺　そういう時期もあります(笑)。でも比べないで自分の個性を伸ばすことが大事だなって思うんです。ある意味、ライバルの存在がいい刺激にもなったり。

河北　大人だな〜。まさにこれからがめちゃくちゃ楽しみな女優さん。またすぐに何かの作品を一緒にできたらいいね。

浜辺　ぜひ。また成長して、お世話になりたいと思います。

ヘア&メイクアップアーティスト 河北裕介が選ぶ

Item: **ルージュルミヌ 8**

> 唇につける仕草まで、絵になる。いろんなカラーが
> ある中で僕が特に気に入っているのが、
> 8番の**スウィーティーダーリン**という色。
> ロマンティックな色名も覚えやすい（笑）。
> ほんの少し赤を含んだようなオレンジで、
> 使い勝手がいいんだ。
> **洒落感と華やかさがあるのに、頑張りすぎた感じに**
> **ならないから、普段使いにもぴったり**。とろけるような
> つけ心地、色もちのよさ、上品なツヤ感も最高。

¥5,000

Item: **ヴォワールコレクチュールn**

> 肌コンディションがイマイチなときでも、
> 全く罪悪感なく使うことができる神下地。
> **美容成分がたっぷり含まれていて、僕はもはやこれは**
> **スキンケアだと思っている**。もともと人気のアイテムで
> 2020年にパワーアップしたのだけれど、
> 進化っぷりがまたすごい。**ワントーン明るい**
> **透明感ある肌に仕上げつつ、乾燥から守りながら**
> **テカリも防ぎ、毛穴も巧みにカムフラージュ**してくれる。
> 自分の肌に大きな自信をくれるよ

SPF25・PA++
40g ¥6,500

クレ・ド・ポー ボーテ BEST 3

"
憧れだよね、クレ・ド・ポーは。 僕にとってもそう。

何か1品持っているだけで、自分の中でワンランク上がったような、

そんな気持ちにさせてくれる夢のあるブランドだと思う。

でも実は、そこまで手が届かないような遠い存在ではないってことを知ってほしい。

なぜなら実際に、高いだけの価値は十分にあるから。

機能性が本当に素晴らしいんだ
"

Item: ル・セラム (医薬部外品)

"
洗顔後すぐの肌に使う、なめらかでみずみずしい
使用感の美容液。多くの媒体でベストコスメを
受賞していることでもおなじみだけれど、実際に周りでも
これを使っている女優やモデルの方が絶賛している
声をよく耳にする。僕も使ってみたら、それはもう、
ぷるっぷるの肌に（笑）。ベタつかないから、どんな
肌質の人でも快適に使えて、潤いを与えてくれるのは
もちろん、肌本来がもつ力を底上けしてくれる
"

50ml ¥25,000 30ml ¥16,000

※価格は参考小売価格です（店舗によって異なる場合があります）

クレ・ド・ポー ボーテ　お客さま窓口　0120・86・1982　https://www.cledepeau-beaute.com/jp/

around
20's

"

社会的な責任も増し、大人への扉が開かれる20代。
自分とは何なのか、どういう風に生きていきたいのか、
少しずつ見えてくる世代だよね。
メイクもそれに近いものがある。コンプレックスも
含めて自分を受け入れ、どう見られたいのか戦略を
立ててアプローチしてみよう。勢いのある20代、
輝く瞬間をたくさん経験してほしい

"

川口春奈
Profile

1995年生まれ。女優。NHK大河ドラマ『麒麟がくる』で帰蝶役を務めるほか、スポーツ番組『Going!Sports&News』(日本テレビ系)でキャスター業にも挑戦。インスタグラム(@haruna_kawaguchi_official)、YouTube「はーちゃんねる」も人気。

HARUNA
KAWAGUCHI

Chapter: *01* ナチュラルメイク

Natural

休日のラフなスタイルに合う

ピンクのレイヤードメイク。

くすみピンクで甘くしないことが重要

Chapter: *02* カジュアルメイク

Casual

ブルー系のカジュアル服には、

メイクでほんの少し女らしさを。

アイラインをボルドーに変えるだけで見違える

Mannish

ひとつはもっておきたい、

意志ある媚びない顔。

NOチークで凛とした眉が決め手に

Chapter: *04* エレガントメイク

Elegant

ナチュラルメイク

Natural

How to make-up

Aをアイホールになじませ、B（左）のハイライトを頬の三角ゾーンに。チークはB（右）を頬骨に沿って薄くひとはけし、ほんのり上気したようなニュアンスに。リップはCを。

A 繊細にきらめくアンティークピンク。NARS シングルアイシャドー 5321 ¥2,500
B ピンクのチークとゴールドベージュのハイライターがセットに。エスティ ローダー ピュア カラー エンヴィ ブラッシュ ＋ ハイライター デュオ 02 ¥5,600
C 輪郭や口角なども描きやすい柔らかな繰り出し式のクレヨン。甘くならないくすみ系ピンク。Clue &be クレヨンリップ モーブピンク ¥2,500

Chapter: 02

カジュアルメイク

Casual

How to make-up

Dのハイライトを頬の三角ゾーンに入れたら、まぶたにも仕込んでヘルシーに。Cをアイホールにのせ、Aを目尻側5mm延長させて目のキワにラインを。リップはBを。

A ボルドーブラウン。スルスルと軽やかなタッチで描けるのが魅力。NARS ハイピグメント ロングウェア アイライナー 8199 ¥3,000
B リップは01ナチュラルメイクと同じカラーを使用。Clue &be クレヨンリップ モーブピンク ¥2,500
C ほのかな輝きを放つサテン質感のローズベージュ。NARS シングルアイシャドー 5309 ¥2,500
D 毛穴落ちすることなく、つるんとフレッシュな肌に。スポンジを使って薄くなじませるのが鉄則。Clue &be グロウハイライター ¥3,000

4つのメイクを解説

Chapter: 03

マニッシュメイク

Mannish

How to make-up

A（左下）をアイホール、目のキワ広めにA（右下）を重ねてグラデに。眉は濃茶のCのパウダー＆リキッドでキリリと描き、リップはBを。

A 色によって質感が異なるベージュブラウン系。奥行きのある目元に。トム フォード ビューティ アイカラー クォード 03A ¥9,200
B カサブランカという名のスモーキーなピンクベージュ。保湿力の高さも◎。トム フォード ビューティ リップ カラー 03 ¥6,000
C チップ内蔵型のワックスパウダーとアイブロウリキッドを両端にセット。Clue &be リキッドアイブロウ ダークブラウン ¥1,400

Chapter: 04

エレガントメイク

Elegant

How to make-up

アイホールにAをのせたら、唇の輪郭を沿ってBで描き、リップブラシで全体にCを塗布。このひと手間が濃いリップを浮かせて見せない秘訣。

A 上質なきらめきが特徴のオレンジブラウン。盛りすぎず、程よく華やかな立体感を実現。NARS シングルアイシャドー 5324 ¥2,500
B なじみのいいベージュブラウンは、仕込みのリップライナーとして使用。Clue &be クレヨンリップ ナッツブラウン ¥2,500
C とろけるようにフィットするプラムカラー。ツヤ感も持続。イヴ・サンローラン・ボーテ ルージュ ヴォリュプテ シャイン 90 ¥4,100

HARUNA KAWAGUCHI ×
YUSUKE KAWAKITA

河北さんから、たくさんの影響を受けています

河北　はーちゃん（注：川口さん）とは、もう長いよね。

川口　そうですね。私が確か18歳くらいのときが、初めましてだった気がします。当時は会話も弾まず…。私の人見知りがひどかったのもありますが、お堅い人だなって思ったな。今では冗談ばかりですけど、そのときの河北さんは冗談も言ってなかった（笑）。

河北　CMの仕事で初対面ってときに、いきなりイエーイ！なんていけるわけないでしょ。で、そこから2年くらいして雑誌のお仕事で再会したんだよね。

川口　そのあたりから少しずつ話すようになりましたね。

河北　ぜひもう一度ご一緒できたら、とずっと願っていましたから。今ではもうね、マイミューズです。どんなメイクもぴたっとハマるし、なんといってもこの肌の美しさ。それでいて、雰囲気をもってメイクをパッと着こなせるところが素晴らしい。きっとそれが共感を呼ぶんだろうなって。こういう表情をするとこのメイクがより生きるかなとか、無意識かもしれないけれどちゃんと計算して魅せてくれる。あと、どんなメイクも楽しんでくれるよね。一緒に新しい表現を生み出せる、僕にとってなくてはならない人です。

川口　私にとっての河北さんは、なんていうんだろう…、ヘア＆メイクさんを超えたプロデューサーみたいな感じ。本当にいろんな見せ方を提案してくれるから、今までにない自分を引き出して、扉を開けてもらった感覚があります。

河北　結果、いつも想像以上の絵ができていると思う。撮影をしていて、こういうライティングでこうだからっていう話をすると、そうだよねって感じで、はーちゃんは毎回僕の予想を超えてくる。そこでもし何かアクシデントが起きたとしても、一緒にクリアしていけるから、楽しいし、面白くてしょうがない。弾丸で一緒にロスに撮影に行ったのもいい思い出。

川口　懐かしい！

河北　スケジュールも移動も大変だったけど、それすら楽しかった。はーちゃんって、それが一切なくて、"女優です私"っていうのが一切なくて、本当にスタッフのひとり。だからチーム一丸となって作り上げていく感覚が最高だったな。今後一緒に作りたい作品の構想もたくさんある。何より好奇心旺盛だしね。

いつも予想を超えてくる表現力の高さ、行動力

川口　はい、よくも悪くも（笑）。いろんなものや景色を見てみたいって思うんです。

河北　そこがすごいのよ。ちゃんと前に進んでいる人だと思う。なんかいいなって、ただ単に指をくわえて見て何も行動を起こさない人じゃなくて、自分でちゃんとノックしていいか悪いかわかんないけど、とりあえずノックしてぶつかっていくような人で。こちらからすると、なんかまた新しいことやろうとしてるぞ、みたいな感じで目が離せない（笑）。

川口　いつも迷ったり、悩んだりしてますよ（笑）。でもそういうときにふと河北さんが頭をよぎる（笑）。勇気が出ないとき、背中を押してもらいたい人ナンバーワンだから。ヘア＆メイクさんだけど美容以外でもすごく影響を受けているから、相談してみようって思う。

河北　ありがたいね。僕はたくさん失敗しているからその経験も伝えたい。そしてはーちゃんの姿を見て、おじさんもまだまだ頑張らなきゃいけないっていつも思ってるよ！

ヘア&メイクアップアーティスト 河北裕介が選ぶ

Item: **ルージュ エッセンシャル**
シルキー クリーム リップスティック 05

" この色は本当に大ヒットしてるよね。ブラウンって今まで難しい色とされていたけれど、**この05番は日本人にブラウンが似合うっているのを証明してくれた**。僕の中ではブラウンリップの先駆者。何がいいってブラウンが濃すぎず、少し血色感も含んでいるところ。だから怖くならず、**モダンなのに日常から浮かない仕上がり**になる。そしてどんなコーディネートもかっこよく引き締めてくれる。1本持っていると自分のメイクの幅がぐっと広がるよ。軽いつけ心地と鮮やかな発色、このバランスも完璧 "

¥3,600

Item: **ブラッシュ カラー インフュージョン 06**

" 06番の色名がチャイなんだけど、温かみとわずかにスパイシーさのある色。質感はマットで、僕が常日頃から言っている**"チークは気配でいい"を簡単に作れる色**。パウダーなのに粉っぽさがなくて溶け込むようにスーッとなじみ、**とてもさりげなく頬の骨格を引き立ててくれる**から、わりとどんなアイメイクやリップとも相性がいい。チークレスには抵抗があって、でも洗練顔になりたいのなら、間違いのない色です "

¥3,500

ローラ メルシエ BEST 3

> フェイクを作るのではなく、あなたの素肌そのものをランクアップさせる──。
> そんなフィロソフィーを掲げるローラ メルシエには、共感しかない。
> 隠すのではなく、その人らしさが透ける仕上がり、これまさに僕の理想です。
> リップやチークも洒落顔にしてくれる色ばかり

Item: **ピュア キャンバス プライマー イルミネーティング**

> ツヤ肌といえば、この下地。**内側から潤いがみなぎるような満たされた質感を叶えてくれる**。**ハリ感も出る**から、肌が疲れているなというときにこそ、使ってみてほしい。乾燥肌の人にもおすすめ。植物エキスで潤いを補いながら、**はつらつとしたヘルシーなツヤをもたらしてくれる**。くすみや毛穴もさりげなくカバーしてくれるし、ウォーターベースの軽やかなテクスチャーもノーストレス。ただしUVカット効果はないから、この前に日焼け止めを使うか、次にのせるファンデーションで補って。

50ml ¥4,200

ローラ メルシエ ジャパン ☎0120・343・432 https://www.lauramercierjapan.com/

around
30's

"
10代、20代で取捨選択してきたことが
ようやく形となって本質が見えてくる30代。
大人の女性としての魅力が開花するときだと思う。
何をやっても、どんなメイクをしたってかっこいい。
ただ、忘れないでほしいのが柔軟な心。
何かを指摘されたときに素直に
受け止める心の余裕がキレイの幅を広げてくれる
"

UGAKI MISATO

宇垣美里
Profile
1991年生まれ。兵庫県神戸市
出身。フリーアナウンサー。TBS
アナウンサーを経てフリーに。エ
ッセイストとしての顔をもち、さまざ
まな媒体で執筆も行う。インスタ
グラムは宇垣美里マネージャーア
カウント(@ugakimisato.mg)。

Natural

朝の日差しに合う、

柔らかく包み込むような

優しいトーンの色でまとめて

Chapter.02　カジュアルメイク

Casual

デニムの色とリンクさせた

インディゴラインがポイント。

リップはオレンジ系でヘルシーに

Chapter: **03** マニッシュメイク

Mannish

モードな囲みアイ。

ファッションに合わせてメイクも

ハンサムなベクトルに振り切って

Chapter: *04* エレガントメイク

Elegant

ディープローズのリップで

盛りすぎずに

こなれた女っぽさを

Chapter: 01

ナチュラルメイク

Natural

How to make-up

Aの下地で素肌に透明感をプラスしたら、アイホールにC、マスカラはDのブラウンで抜け感を。チークは頬骨にそってBをなじませ、リップはEで顔全体のカラートーンを統一。

Ⓐさらりとひと塗りで美肌度を格上げ。クレ・ド・ポー ボーテ ヴォワールコレクチュール SPF25・PA++ 40g ¥6,500
Ⓑコーラルオレンジ。コスメデコルテ クリーム ブラッシュ OR250 ¥3,500
Ⓒローズゴールド。ローラ メルシエ キャビアスティック アイカラー 09 ¥3,000
Ⓓダマにならず自然な仕上がり。Clue &be マスカラ ブラウン ¥1,500
Ⓔマットなのに潤いが続き、素唇みたいな質感。ローラ メルシエ ヴェロア エクストリーム マット リップスティック 05 ¥3,100

Chapter: 02

カジュアルメイク

Casual

How to make-up

Aをアイホールになじませ、Bのインディゴブルーで目尻を延長させたシャドウラインを描く。チークは頬骨より外側を中心にCをのせ、リップはDで上唇をオーバー気味に。

Ⓐ微細パールがみずみずしくきらめくテラコッタブラウン。コスメデコルテ アイグロウ ジェム BR381 ¥2,700
Ⓑ平筆ブラシに取り、アイライナーとして使用。ローラ メルシエ キャビアスティック アイカラー 2012 ¥3,000
Ⓒ01と同じアイテムを使用。乾燥肌にもしっとりと密着。コスメデコルテ クリーム ブラッシュ OR250 ¥3,500
Ⓓ美しい発色とツヤを実現。敏感な唇のことを考え、こだわり抜いた植物成分を配合。Clue &be クレヨンリップ オレンジテラコッタ ¥2,500(限定品)

4つのメイクを解説

Chapter: 03

マニッシュメイク

Mannish

How to make-up

アイホールにB(右から2番目と中央)の2色を混ぜてなじませ、二重幅にB(一番右)のダークブラウンを。上下の目のキワをAで細く囲み、チークはD、リップはCを。

Ⓐジェルベースでなめらかに描け、極細芯なのでインサイド用としても最適。SHISEIDO マイクロライナーインク 01 ¥3,500
Ⓑクールな目元を仕込むグレイッシュベージュ系。ランコム イプノ パレット 03 ¥6,800
Ⓒわずかに赤みのあるブラウン。シルキーなつけ心地でふっくらとした唇に。ローラ メルシエ ルージュ エッセンシャル シルキー クリーム リップスティック 05 ¥3,600
Ⓓシアー発色のサングリアカラー。粉っぽさとも無縁。ローラ メルシエ ブラッシュ カラー インフュージョン 07 ¥3,500

Chapter: 04

エレガントメイク

Elegant

How to make-up

Aの2色を混ぜてアイホールになじませ、キワ太めにBを重ねたらDでライン。チークは頬骨にそってCを淡くのせ、リップは上唇をオーバー気味にEを塗布。

Ⓐパール入りのローズゴールドとベリーカラーをセット。NARS デュオアイシャドウ 3915 ¥4,200
Ⓑ影のような締め色の役割を果たすマットなトープブラウン。NARS シングルアイシャドウ 5317 ¥2,500
Ⓒシックなベージュピンク。気配チークに重宝。コスメデコルテ クリーム ブラッシュ PK850 ¥3,500
Ⓓ極細ラインが簡単に描け、皮脂や水に強くもちがいいのにお湯オフOK。植物エキスで目元もケア。Clue &be リキッドアイライナー ブラック ¥1,500
Ⓔほんのりつややかさも携えた、絶妙なソフトマット質感のディープローズ。たっぷり配合された美容成分で乾燥しやすい唇を包み込んで潤いをキープ。コスメデコルテ ザ ルージュ ベルベット R0600 ¥3,500

MISATO UGAKI × YUSUKE KAWAKITA

宇垣さんって、メイク経過をとてもちゃんと見てる人

宇垣　今日も素敵なメイクをたくさんありがとうございました。4パターンとも、今までやったことない感じで楽しかったです。

河北　うれしいね。宇垣さんは、果てしなくメイクのインスピレーションを湧かせてくれる、どれも自分のものにしてくれるから。

宇垣　河北さんのメイクって、ちゃんと息ができる気がして。だからいろんな表情をしやすいのかなって思います。

河北　今日はいい日だな～（笑）。僕がすごいなと思うのは、宇垣さんってメイク中にちゃんと見てるの。使うアイテムとかテクニックとか。こうするから、こうなるんだって、その時点からもう女性像を膨らませていってるのよ。

宇垣　自分でも真似しよ～っていうのもありますよ（笑）。いつも発見があるので、勉強させてもらっています。質問もしちゃう。どうしてここにこの長さでアイラインを入れるんですか？　って。

河北　僕も質問されると全部答える癖があるもんだから。宇垣さんのときだけはできるだけ早く手を動かすようにするよね、技がバレないように（笑）。

イメージは壊したい。あまのじゃくなんです

河北　でもさ、一般的にアナウンサーの方ってイメージを壊されたくないじゃん（笑）。……クも楽しめる余裕があるじゃない？　世間のイメージから外れることに対する不安はないの？

宇垣　私、こういう人って思われるのがあんまり好きじゃなくて。あまのじゃくなんですよ（笑）。常に変えたいし、変身願望もある（笑）。だからビューティの撮影はすごく楽しいなって思います。

河北　なんかわかる。僕もわかる。

宇垣　……ているように思われるのが気に入らない（笑）、もっと深いんだぞ、と。でもそうやってちゃんと自分がありつつ、いろんなものを取り入れて人生もっと面白く楽しもうっていうスタイル、いいなぁ。

宇垣美里のこれからと、今考えていること

河北　ところで宇垣さんは、今後どんな方向性でやっていきたいとかあるの？　僕、いつもメイクルームで聞いてるんだけど教えてくれないじゃん（笑）。これを機に。

宇垣　私は表現することがすごく好きで。それはこういう写真もそうですし、文章で表現することも、もちろん話すことも。でもその中でじゃあ何がいちばん好きなんだろうって考えたときに、まだ答えが見つかっていないんです。だから今は、いろんなお仕事をたくさん経験したい。でも、って思っています。

河北　なるほど。でも、アナウンサーって本当にすごい職業だよね。的確に物事を伝えるのはもちろんのこと、体力仕事でもあるだろうし、褒めてくれる人がいれば、下げてくる人だっている。だからメンタルも一定に保たないとだろうし。

宇垣　そうですね、そこはブレないかもしれないです。

河北　強いよね、僕なんて否定されたらすぐへこんじゃう（笑）。そのメンタルの強さはどこから？

宇垣　う～ん、私は兵庫出身なんですが、関西人にありがちな全部ネタにしないと、という気持ち。悲しんでいても全然面白くないし、ネタにしないと消化できない。あとは私、活字中毒なのでたくさん本を読んできて、そこに何かストックがあるのかなと思います。

河北　活字を見たらすぐに眠くなっちゃう僕は、どうすればいいんだろう（笑）。

ヘア＆メイクアップアーティスト 河北裕介が選ぶ

Item: **アイグロウ ジェム**

"

一度使うとやめられない、しっとりふわふわ（笑）の
ユニークなアイシャドウ。骨格にとけ込むように
ぴたりと密着して、指で簡単に使えるところもいいんだ
よね。のびの良さも素晴らしいから、たとえ不器用でも
本当にキレイにつけることができる。そして、今までの
パール感のあるカラーに加えて、スチーミーマット質感が
登場。このふたつの質感を組み合わせることで、
さらに奥行きのあるまぶたに仕上げることができる。
ちなみに僕はパール感のある色をアイホールにのせ、
締め色にスチーミーマット質感のカラーを
キワに使うのが気に入っています。洒落感が出せる
赤みブラウン系のラインナップも豊富

"

（上から時計回りに）RD400、BR300、BR381、BE387
各¥2,700

Item: **ディップイン グロウ 001**

"

まさに、濡れたようなツヤをもたらしてくれる
ハイライター。パールの透明感が高いから、キラキラ
するというより生っぽいヘルシーなツヤを放つところ
が理想的。とろけるようになじんでベタベタせず、
保湿力も高いから、夕方になると目元が乾燥して
シワっぽくなってしまう…という人にもおすすめ。
小さくて持ち運びも便利なので、たとえば仕事の後、
夜ディナーの予定があるときなんかに
サッとツヤを足せるのもいいよね

"

¥3,500

コスメデコルテ BEST 3

> コスメデコルテには、いつだってシンパシーを感じる。
> 日常生活の中でリアルに使える色が豊富に揃っていて、質感がとても上質。
> さらに、ベストセラーのアイグロウ ジェムのようにキャッチーなところもある。
> だから愛用色も多いし、新作からも目が離せないんだよね

Item: ザ ルージュ ベルベット

> オフィスに、そして少し女っぽく仕上げたいとき用に
> 持っておきたいのがこの2本。**しっとり潤うソフトマット質感**だから、トレンド感をキープしつつも
> 唇がパサパサすることがなく、
> 長時間なめらかさが続くところもいい。
> ちゃんと**潤いを含んだ柔らかい唇**に仕上がるんだよね。
> ケア成分がたっぷり配合されているのもさすが
> コスメデコルテで、乾燥からしっかり守ってくれる。
> ブラウンは知的に、ディープローズなら色っぽく、
> どちらも**ハッとさせる美人顔になれる推し色**です

(左から)BR300、RO600
各¥3,500

コスメデコルテ　0120・763・325　https://www.cosmedecorte.com

around
40's

"
知らないことが減り、たとえ未知のことに対しても
今までの経験から想像ができるようになる40代。
人としてもゆとりが生まれ、こういうことが
やりたかったんだって改めて見えてくることも多いと思う。
メイクに対しても、今までの固定概念を一度捨ててみよう。
立ち止まるのか、ブラッシュアップできるのか、
これから先の美しさはそこにかかっている
"

山口紗弥加
Profile

1980年生まれ。女優。14
歳でデビューし、数々のドラ
マや映画、舞台に出演し長
いキャリアを誇る。近日公
開予定の映画『糸』に出演。
山口紗弥加staffツイッター
は（@sayaka_flamme）。

SAYA
YAN

Natural

頑張らない日の大人のメイク。

ツヤ肌とスモーキーなピンクで

ありのままの美しさを引き出して

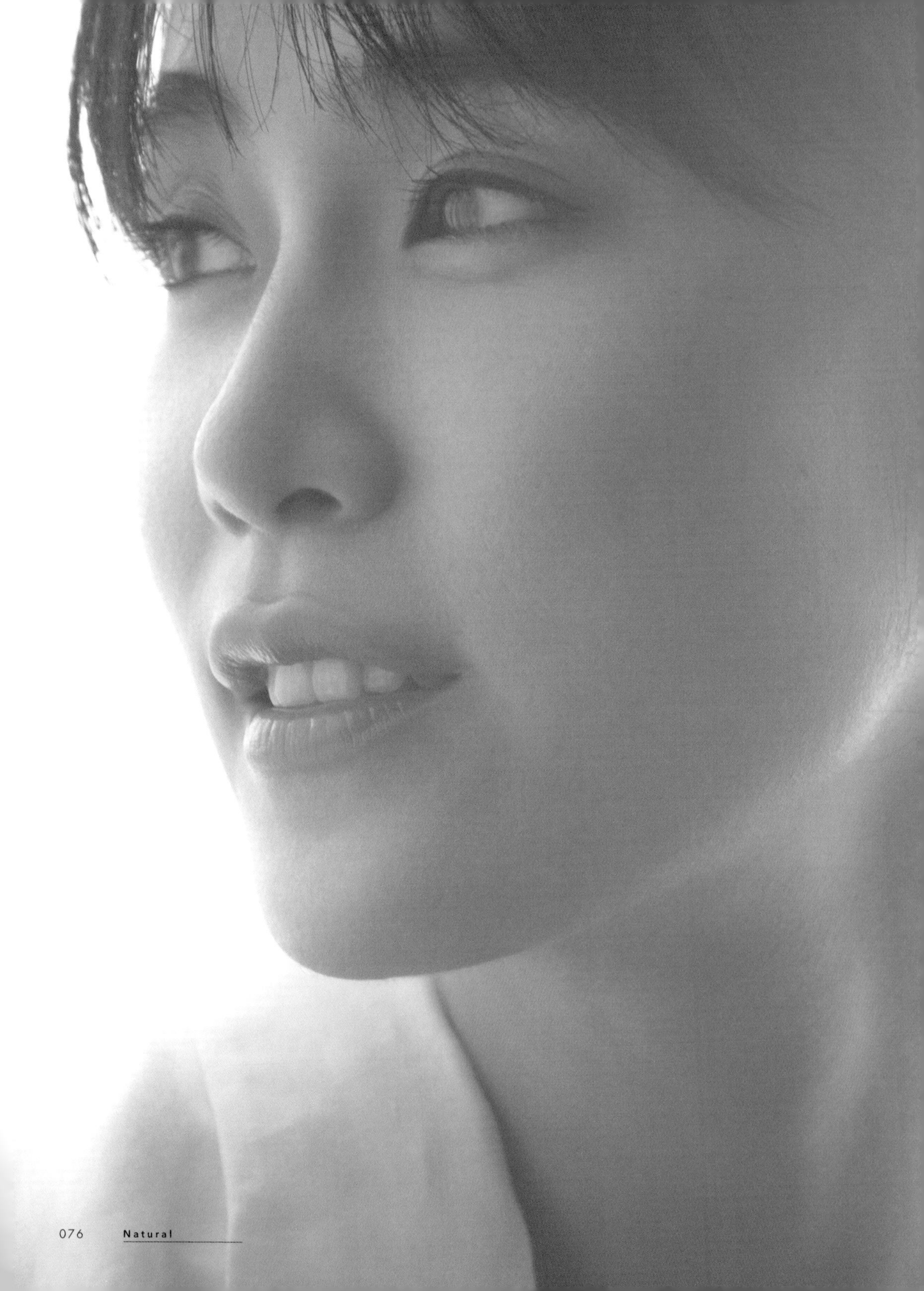

Casual

誰からも好感を抱かれる

チャーミングな女っぽさ。

シマーなチークとテラコッタリップがカギ

Chapter: *03* マニッシュメイク

Mannish

ブラウンのリップでこなれ感たっぷりに。

キリッと仕上げても

どこか大人の余裕がにじみ出る

Elegant

Chapter: *04* エレガントメイク

シルエットの美しいブラックドレスには、

削ぎ落としたメイクが似合う。

真紅のルージュを際立たせてミニマルに

Chapter: 01

ナチュラルメイク

Natural

How to make-up

Aのハイライターを頬の三角ゾーンとアイホールになじませ、ふっくらつややかな肌に。チークは頬骨に沿ってBをなじませ、優しい血色感をプラス。リップはCをひと塗り。

Ⓐ独自のゲルをブレンドして作られたベタつかないハイライター。丁寧に保湿をした後のような上質なうるツヤ肌を実現。コスメデコルテ ディップイン グロウ 001 ¥3,500
Ⓑ透明感ある柔らかなピンク。コスメデコルテ クリーム ブラッシュ PK851 ¥3,500
Ⓒくすみピンクは大人のナチュラルメイクにぴったり。程よいツヤ感も魅力。Clue &be クレヨンリップ モーブピンク ¥2,500

Chapter: 02

カジュアルメイク

Casual

How to make-up

Aをアイホールになじませ、Bのラインを目のキワに。チークはCの上3色を混ぜて頬骨に沿ってやや幅広にのせ、イキイキとした血色を演出。リップはテラコッタ色のDを。

Ⓐスチーミーマット質感のオレンジブラウン。じんわり濡れたようなまぶたに。コスメデコルテ アイグロウ ジェム BR300 ¥2,700
Ⓑにじみにくいのにお湯で簡単にオフ可能。暗すぎないチョコレートブラウン。Clue &be リキッドアイライナー ブラウン ¥1,500
Ⓒつややかなパールをたっぷりと含んだピーチベースのフェイスカラー。ローラ メルシエ シマーブロック 03 ¥4,200
Ⓓトレンド感のあるゴールドパール入りのテラコッタ。Clue &be クレヨンリップ オレンジテラコッタ ¥2,500(限定品)

4つのメイクを解説

Chapter: 03

マニッシュメイク

Mannish

How to make-up

A(左下)をアイホールにのせたら、A(右下)を目のキワ太めに薄く重ねてグラデに。Bでラインをキワ全体に太くしっかりと引き、Cのチークは頬骨の外側に、リップはDを。

Ⓐ左下のマロンベージュと右下のコクのあるダークブラウンを目元に。トム フォード ビューティ アイ カラー クォード 27 ¥9,200
Ⓑ02と同じアイテムを使用。Clue &be リキッドアイライナー ブラウン ¥1,500
Ⓒシアーコーラル。どんなアイメイクやリップとも相性◎。ローラ メルシエ ブラッシュ カラー インフュージョン 06 ¥3,500
Ⓓ河北さんも激推しの売れ筋カラー。こなれ感と女らしさを両立させるブラウン。ローラ メルシエ ルージュ エッセンシャル シルキー クリーム リップスティック 05 ¥3,600

Chapter: 04

エレガントメイク

Elegant

How to make-up

Aをアイホールになじませ、目のキワにBのラインを。リップはCを輪郭に沿ってオーバー気味に描き、Dを上唇のみ少しオーバーに重ねる。NOチークで目元とリップを主役に。

Ⓐ華やかに輝くオレンジベージュ。コスメデコルテ アイグロウ ジェム BE387 ¥2,700
Ⓑ狙ったところにしっかりと描け、涙や皮脂にも強い極細のブラック。Clue &be リキッドアイライナー ブラック ¥1,500
Ⓒリップライナーとして使用した肌なじみのいい色。ローラ メルシエ ヴェロア エクストリーム マット リップスティック 05 ¥3,100
Ⓓマット質感ながらバラの花びらのようなしなやかな唇に。ムースのようなつけ心地。パルファン・クリスチャン・ディオール ルージュ ディオール ウルトラ リキッド 860 ¥4,200

SAYAKA YAMAGUCHI × YUSUKE KAWAKITA

河北さんはとにかく褒め上手（笑）

河北　山口さんとは今日が初めましてでしたが、楽しかったな〜。

山口　こちらこそありがとうございました。"河北メイク"というワードをいろんな媒体で拝見していたので、どんなすごい技巧を皆さんに施されているんだろう…とワクワクして来たんですけど、あまりにメイク時間が短くて驚きました（笑）。で、こんなに早く終わってどんな顔になったんだろうと鏡を見ると、今まで見たことのない顔がそこにあって。もう、さすがの一言。楽しかったです。

山口　それは私も。河北さんって寡黙な職人さんのイメージだったの、メイク中は会話NG？呼吸合わせなきゃ？って想像してました。

河北　いやいや（笑）。僕は今日お会いするまで山口さんのことを勝手にクール美人だと思っていたのね。だからメイクも全体的にかっこいい感じにしようかなと思っていたんだけど、素顔はめちゃくちゃ可愛らしいし、途中からチャーミングさを引き出したいって方向に切り替えたよね。もちろん色っぽさも。あっちもこっちもやりたくなっちゃった（笑）。

山口　色気に関しては、自分では真逆のところにいるという自覚があります。でもメイクしていただいて『私、色っぽいじゃん』って素直に思えたことがうれしくて。

河北　色気ありまくりよ。僕は初対面なのに山口さんが心を開いてくれたのがうれしかったな。メイクも『全部お任せします』って委ねてくださって。やっぱり年を重ねてくると、私はこの顔じゃないと、という固定概念があったりするしね。会って見ないとわからないものだな〜。

山口　それは私も。河北さんって寡黙な職人さんのイメージだったの、メイク中は会話NG？呼吸合わせなきゃ？って想像してました。

河北　オーーーーーイ！

山口　笑。いい意味で、ですよ。

河北　無駄話しまくり（笑）。

山口　そして褒め上手で詐欺師だなって思いました。

河北　笑。

山口　嘘か本当かなんて考える暇もなく、まんまとのせられてしまう（笑）。でもおかげで照れずに入り込めて助かりました。

メイクは不思議。一瞬で気持ちを新しくしてくれる

河北　ところで山口さんはプライベートではメイクするの？

山口　ほぼしません。敏感肌なので肌を休ませる目的もあるんですけど、その反面もはやどうメイクすればいいのかわからないというのもあって。ちょっと億劫になってました。でも河北さんにメイクをしていただいて、私こういう感じもありかもっていう『可能性』を体感できたことで、これからの40代が楽しみになってきました。あと、ファンデーションを塗る量が少なすぎて正直不安になったんですが（笑）。顔が軽くて気持ちがいいなと思いました。私、ファンデーションが厚いと表情もお地蔵さんみたいに固まっちゃう気がして窮屈で。

河北　そもそもファンデーションって完璧にカバーするためのものじゃないんです。色ムラを最低限補整するもの。

山口　肌が薄いとメイクの良さも生きますよね。今、メイクしてますけど感覚的にはほとんどすっぴん。でも鏡を見ると『あれ、もしかしてキレイかも』っていう。今日このまま誰か誘って飲みに行きたいな〜（笑）。

河北　それ、僕からしたら最高の褒め言葉。なんかこんなに可愛さも色っぽさもクールな一面も持ってる人ってなかなかいない。ずるい（笑）。もっとそのキャラ出していくべきやで。ってなんか上からスイマセン。

山口　恐れ入ります（笑）。

ヘア&メイクアップアーティスト 河北裕介が選ぶ

Item: **日清MCTオイルHC** 85g

> **MCTとは、そもそも中鎖脂肪酸のこと。**
> 美容に詳しい人なら、体の中からキレイになれるオイル
> として有名だよね。**中鎖脂肪酸は母乳にも含まれる成分。**
> 一般的な油よりも消化吸収がよくて素早くエネルギー源
> となってくれるから、**代謝が上がる実感も。**
> 腹もちもよくなるから、間食したいときなんかにもいい。
> ダイエット中の僕のマストアイテムです。
> でも欲張ってとりすぎると、お腹がゆるくなるから
> 気をつけて。目安は1日小さじ1〜2杯です

85g ¥880

092

インナービューティ

> プロとして、どんなときも最高のパフォーマンスを心がけているので、
> 健康管理は何よりも大切なこと。
> トレーニングしかり、毎日の食事だってそう。　とはいえ、
> ストイックすぎて続かないのでは意味がないから、
> いろいろ試してたどり着いたのが日清のMCTオイル。
> とにかく手軽だし、体調が整う!
> いくら素敵なコスメを使っていても腸内環境が悪いと意味がないからね。
> 美意識の高い僕にとって(笑)、もはやお守り的な存在

プライベートではこんなふうに飲んでいます

僕の十八番、聞きたい…?

小腹が空いたとき、
ヨーグルトにかけて

朝のコーヒーと一緒に

「僕はコーヒーに小さじ1杯入れることが多いかな。味
や匂いがないところもいい。ヨーグルトや白湯、食事
に少量かけるのもおすすめ」

around
40's

"

歳を重ねるごとに深みを増す色気ほど、魅力的な
ものはないと思う。ただ、そうは言っても綺麗ごと
ばかりではいられない現実もあるかもしれない。
それも全て受け止めて、今一度自分のことを
愛してみよう。スキンケアもメイクも、
ボディメンテナンスも楽しみながら光り輝く、
そんな女性を僕は何よりもリスペクトしています

"

高岡早紀
Profile
1972年生まれ、女優。2020
年でデビュー32周年を迎え、歌
手としても活躍。新曲『サニー』
が発売中。ドラマ『探偵・由利
麟太郎』(CX系・火曜21時)に7
/7より出演。公式HPは(www.
takaoka-saki.com)インスタ
グラムは(@saki_takaoka)。

SAKI
TAKAOKA

Natural

使ったのは下地とチークだけ。

とことんシンプルなメイクで

心地よく、のびやかに

Casual

ほんのりカーキラインにツヤ赤リップ。

パパッと5分でできるメイクで

ラフなスタイルに程よい華やぎを

Chapter: *03* マニッシュメイク

Mannish

ブラックジャケットには、

黒のアイラインとローズレッドリップで

しなやかに顔立ちを引き締める

Chapter: 04 エレガントメイク

Chapter: *04* エレガントメイク

Elegant

大人だからこそつけこなせる

グレーシャドウとダークチェリーリップ。

コクのある色で深い気品を薫らせて

Chapter: 01

ナチュラルメイク

Natural

How to make-up

肌コンディションが整っていれば、下地とチークのみで充分。Aの下地を全顔になじませたら、Bのチークを頬骨に沿ってごく薄くのせて。欲張って濃くのせないことが重要。

Ⓐ日常使いに十分なUVカット力を備え、毛穴や色ムラをカバーしながら、1日潤う肌をキープ。クレ・ド・ポー ボーテ ヴォワールコレクチュールn SPF25・PA++ 40g ¥6,500
Ⓑ弾力のあるプニプニとしたユニークなクリーム状。スポンジか指でトントンとのばすだけでテクなしで素肌と一体化。素肌の明るさを引き立てる落ち着いたピンク。コスメデコルテ クリーム ブラッシュ PK851 ¥3,500

Chapter: 02

カジュアルメイク

Casual

How to make-up

A（左から2番目）のベージュをアイホールになじませたら、A（右から2番目）のカーキをシャドウラインとして目のキワに。チークは頬骨に沿ってBをのせ、リップはCを。

Ⓐ肌なじみのいいベージュ系2色とカーキ系3色がイン。ありきたりではないけれど、浮かないメイクをしたい人におすすめ。ランコム イプノ パレット 05 ¥6,800
Ⓑ01と同じチークを使用。コスメデコルテ クリーム ブラッシュ PK851 ¥3,500
Ⓒ見た目より濃くつかないシアー発色のベリーレッド。つるんとフレッシュな輝きが魅力。NARS リップスティック 2940 ¥3,300

4つのメイクを解説

Chapter: 03

マニッシュメイク

Mannish

How to make-up

Aの上2色を混ぜてアイホールになじませ、下側2色を混ぜて目のキワ太めに重ねる。Bのラインはキワ全体に入れ、チークはC、リップはDをブラシでしっかりのせて。

Ⓐ赤みのある、じんわり熱を帯びたブラウン系をセット。トム フォード ビューティ アイ カラー クォード 03A ¥9,200
Ⓑ毛足が短く、ブレにくい作り。ブラシを寝かせると、太ラインが描きやすい。Clue &be リキッドアイライナー ブラック ¥1,500
Ⓒ骨格を引き締める効果もあるスモーキーなベージュピンク。コスメデコルテ クリーム ブラッシュ PK850 ¥3,500
Ⓓローズレッド。潤いのある薄膜で唇を包み込み、つけたての美発色をキープ。ローラ メルシエ ルージュ エッセンシャル シルキー クリーム リップスティック 27 ¥3,600

Chapter: 04

エレガントメイク

Elegant

How to make-up

A（左から2番目）をアイホールにのせ、A（右）をキワ太めに重ねてグラデに。アイラインはBでキワにくっきりと描き、目尻は水平に5mm延長。リップはCを重ね塗りして。

Ⓐなじみのいいブラウンとリッチなダークグレーが相性抜群。クレ・ド・ポー ボーテ オンブルクルールクアドリn 306 ¥7,500
Ⓑ03と同じ黒リキッドを使用。Clue &be リキッドアイライナー ブラック ¥1,500
Ⓒマット質感のダークチェリーカラー。くっきりとパウダリーに色づいて、ふくよかな唇に。ローラ メルシエ ヴェロア エクストリーム マット リップスティック 14 ¥3,100

SAKI TAKAOKA ✕ YUSUKE KAWAKITA

ナチュラルな色気をここまで持っている人はいない

河北　今日は僕、いつになく緊張しております。朝から花粉でくしゃみが止まらなかったんですが、高岡さんがいらっしゃる5分前にピタッと止まりました。なぜなら、念願の高岡さんですから。すごく楽しかったです。

高岡　本当に?（笑）

河北　もちろん。撮影していても表現の幅に圧倒されましたよ。ナチュラルなのに、醸し出されるオーラが凄い。きっとみんな、こういう大人の女性になりたいんだろうな〜って。

高岡　私は河北さんに初めてメイクしていただいて、こうしたらよくなるだろうというのを直感で判断されていくのがとても好きでした。私もどちらかというとインスピレーションというか、最初に感じたことを大切にしたいので。

河北　よかった〜。僕、今日メイクルームで高岡さんとお話しして驚いたのが、地に足をつけて丁寧に生活されてらっしゃる方なんだな、ということ。

高岡　普通に生活してます（笑）。

河北　いや〜、あまりに生活感のないイメージがあって。女優さんだからそれがまたいいのだと思うんですけど、お話を聞いてるとちゃんと料理や掃除、家事をしてらっしゃるし、なんならゴミ出しまで…。

高岡　運動は、毎日2時間くらい犬の散歩をします。家の中では掃除をしたり、よく動く。ソファーにぼーっと座っていることはまずないです。何かに集中することも大事。

河北　すごくわかります。だら〜っとしていると、ついつい食べ過ぎてしまいますよね。

高岡　結局やっても続かない。でも体型は維持したいので、行き着いたのが食べ過ぎないこと。

河北　シンプル!

高岡　そして普段はスキンケアした後に日焼け止めクリームみたいなものを。それこそ40歳みたいなものを超えて、何もしないのはちょっと失礼かなと思うようになったので。

河北　女性のみなさんはきっとその内容が知りたいですよね、高岡さん、本当出しましょう（笑）。それに、僕は年齢を重ねていくことが本当の色気につながると思っていて、それをいちばん体現されてらっしゃるのが高岡さんですから。

高岡　そうですか? ありがとうございます（笑）。年齢は受け入れていかなきゃいけないですからね。どうやって歳を重ねていくかが永遠の課題ですね。

どうしても高岡さんの本が作りたい

河北　スタッフとも話していたんですけど、高岡さんは素肌が美しすぎる。さっきも撮影したカットをモニターで見ていて、透明感の素晴らしさに僕、叫んじゃいました（笑）。Tシャツ一枚でも醸し出せる色気、美容はもちろんのこと、生き方とか毎日の暮らし方とかっていう話になってくると思うんです。絶対にみんな知りたいはずです。

河北　その部分も含めて、高岡さんの次の本で答えを出しましょう。もうなんなら、僕が見たいから（笑）。

高岡　そりゃしますよ（笑）。

河北　その理由を聞いてもいいですか?

高岡　とにかく保湿です。保湿しないとシワシワになっちゃうから。

河北　そういうところがまたナチュラルで色っぽいなと思うわけで。

河北裕介プロデュース

MAKE-UP

リキッドアイブロウ

ワックスパウダーとリキッドアイブロウを両端にセット。(左から)ナチュラルブラウン、ダークブラウン 各¥1,400

アイブロウマスカラ

理想の毛流れをキープし、もちの良さも抜群。(左から)クリア、ライトブラウン、モーブブラウン 各¥1,300

マスカラ

繊細仕上げでお湯オフも可能。(左から)テラコッタ[PLAZA・MiNiPLA限定]、ブラック、ブラウン 各¥1,500

リキッドアイライナー

不器用な人でもブレにくく、にじみやこすれにも強い処方。お湯で簡単にオフ。(左から)ブラック、ブラウン 各¥1,500

クレヨンリップ

するするとなめらかな描き心地。(左から)オレンジテラコッタ[限定]、ナッツブラウン、モーブピンク 各¥2,500

BASE

OTHER

ブラックスポンジ

下地、ファンシーラー、ハイライター、パウダーに使えるマルチユース型。1個 ¥700、2個セット ¥1,260

ファンシーラー

ファンデーションとコンシーラーを一体化。オレンジとベージュの2色入り。SPF20・PA++ ¥3,500

グロウハイライター

ベタつかずになじみ、つるんと透明感のあるツヤ肌に。毛穴落ちしにくい3色のパールをブレンド。¥3,000

コントゥアペン

くっきり色づきながらも、のばすと肌に溶け込むシェーディングペン。自然な影色を実現。¥2,500

プレストクリアパウダー

微粒子パウダーがテカリを抑えてサラサラの肌を長時間キープ。専用パフ付き。SPF27・PA++ ¥3,000

ヘアワックス

天然由来成分100%で髪だけでなく、ハンドケアにも。適度なホールド力でまとまる髪に。30g ¥1,500

シーミスト

ケア成分で髪をいたわりながら、ニュアンス＆ボリュームのあるドライヘアへとアプローチ。100ml ¥1,500

「&be」を全解剖

> 僕が本当に欲しいと思うものを作っているのが、「&be」。
> プロとして撮影で使えるパフォーマンスの高さ、
> 使い勝手のいいシンプルなつくり、そして何よりも
> こだわっているのが肌への優しさ。たくさんの人に気軽に
> 使ってもらいたいから、もちろん手頃な価格も譲れない。
> ウェブサイトで、使い方の説明や成分に関しても詳しく
> 紹介しているのでぜひチェックしてみてください。
> 「&be」のプロダクトで河北メイク顔になりましょう

ヘア&メイクアップアーティスト
河北裕介

SKIN CARE

クリアクレンズウォーターN

W洗顔不要のクレンジングウォーター。コットンにたっぷり含ませてメイクをオフ。160ml ¥1,500、500ml ¥2,800

ハイコンセントレイトVCミスト

保湿型ビタミンC誘導体を10%以上配合し、潤いを与えながら毛穴やくすみ対策にも。60ml ¥1,800、120ml ¥2,800

バリアオイル

さまざまな植物オイルや植物エキスをブレンドし、肌を柔らかく整えバリア機能をサポート。60ml ¥2,400、100ml ¥3,500

UVミルク

素肌のことを考えたノンケミカル処方を採用。自然にトーンアップし、下地としても使えるタイプ。SPF50・PA++++。スタンダード、ナチュラルベージュ［限定］30g 各¥1,800、116g ¥2,800

モイストリップジェル

密着力の高いジェルが乾燥から唇をしっかりと守り、微細パール配合で気になる縦ジワもふっくらカバー。10g ¥1,200

世代別お悩み解消メイク

若さゆえトラブルが出やすい年齢ではあるけれど、ハリのある肌を生かして
ベースメイクは薄く仕上げるのが鉄則。顔だちの個性も上手に生かした者勝ち！

自分メイク

（石井美花さん・19歳）

第一印象で、怖いと言われがちな
きつい目元がコンプレックス。ニ
キビも悩みで、どうやったらナチ
ュラルにカバーできるのかわかり
ません。**前髪がぱっくり分かれて
しまう**のもどうにかしたい…

河北メイク

フルメイク動画は
ここから！

河北CHECK!

**僕はシュッとした目元が好きだな、だってセクシーじゃな
い？** それに石井さんは、僕と違って小顔だからショート
ヘアがすごく似合ってる。では、やっていきましょう！

1

ツヤ肌にしたら、ニキビも悪目立ちしそう＆隠せなさそうで不安…

ニキビが目立つけれど、ツヤ肌に憧れる

BASE

01
ツヤ下地を
なじませる

&beのUVミルク（詳しくは
P.115）を顔全体になじませ、
素肌をトーンアップ。ベタつ
かずに、みずみずしい肌に。

02
ファンシーラーで
カバー

&beのファンシーラー（詳し
くはP.114）でマッピング。ク
マにはオレンジ、顔の高いと
ころと小鼻にはベージュを。

03
ニキビ部分は
指で優しく

ファンシーラーのオレンジと
ベージュをチップで混ぜて、
ニキビ部分にオン。刺激とな
らないよう指で優しくぼかす。

04
ハイライトを
三角ゾーンに

コスメデコルテのディップイ
ン グロウ（¥3,500）をスポン
ジに取り、目の下の三角ゾーン
に。ニキビ部分は避けて。

05
フェイスパウダーは
部分的に

&beのプレストクリアパウダ
ー（詳しくはp.114）をTゾーン
や目周りに。ニキビ部分にも
そっとのせてフィックス。

河北 ADVICE:

ニキビをカバーするのは、フ
ァンデーションではなくファン
シーラーで！ ニキビのない
部分の素肌はキレイなのだか
ら、全部隠しちゃうのはもっ
たいない。ツヤを効果的に演
出するハイライトは、目の下
の三角ゾーンにだけ狙いを
定めて入れるのもポイント

お悩み 2

目尻が上がっているから、どんなアイメイクでもきつく見えてしまうんです…

つり目を優しげに見せたい

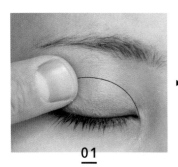

01
**ベースカラーを
アイホールに**

スチーミーマット質感のベージュで立体感をアップ。コスメデコルテのアイグロウ ジェム BE302 ¥2,700を使用。

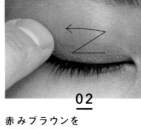

02
**赤みブラウンを
グラデで入れる**

柔らかい印象に見せる赤味系をチョイス。コスメデコルテのアイグロウ ジェム RD400 ¥2,700を使用。

03
**下まぶたは
目尻側1/2に**

02で使用して指に残ったものを下まぶたに。目尻側が太く、黒目下にかけてだんだん細くなるようにフェードアウト。

自分メイク ← | → 河北メイク

04
**マスカラは
目尻多めに**

&beのマスカラ ブラウン（詳しくはP.114）を使用し、まつげの印象もソフトに。目尻側をたっぷりめに重ねて。

05
**下まつげにも
マスカラを**

つり目を和らげるため、下まつげ全体にもブラウンマスカラを。視線が下側にくるようにコントロール。

河北 ADVICE：

目尻に重点をおいたアイメイクで、視覚的に目尻を下げてみよう。いわゆるタレ目メイクです。でも何度も言うけど、僕はつり目が好きだけどね

お悩み

3

前髪がいつもクセで分かれ、ショートなのもあって毎日代わり映えのしない髪に飽きてます

ヘアスタイルがいつもワンパターン

HAIR

 ▶  ▶  ▶

01

**前髪を
根元から濡らす**

水スプレーを前髪の根元にシュッシュッとふきかけ、ぱっくり分かれやすい部分は指で根元をこすりながら重点的に。

02

**分け目と
反対方向に乾かす**

根元をこすりながらドライヤーで乾かすと、クセで分かれやすい部分も思い通りに。全体の流れは、普段の分け目と逆方向に。

03

**サイドに
ボリュームを出す**

ストレートアイロンで顔周りの毛をなめらかに整えたら、＆beのヘアワックス（詳しくはP.114）でサイドの髪に動きを。

04

**トップに
ボリュームを出す**

全体のバランスを見ながら、整えれば完成。トップに少しボリュームがあると、どの角度から見ても美しいシルエットに。

10代あるあるお悩みQ&A

ベースメイクってどのくらいすべき？

河北ANSWER：

肌にトラブルがなければ、僕はUV下地だけでいいと思ってる。10代の肌はひとつのチャームポイントだから。クマやくすみ、ニキビが気になる人はそこだけファンシーラーでカバーすればOK。10代はノーファンデでいいと思う

そもそも似合う色がわかりません

河北ANSWER：

イエベ、ブルべに似合う色というのが流行しているけれど、僕は気にしない。だって自分が好きな色を使う方がワクワクしない？10代なら若さでどんな色も自分のものにできる。気になる色にどんどんトライ！

20代

世代別お悩み解消メイク

少しずつメイクに慣れてくる20代。自分の顔をしっかりと研究し、
長所は伸ばし、気になる部分は巧みにカムフラージュするテクニックを身につけて。

自分メイク

河北メイク

（福地マリアさん・22歳）

肌はあれこれカバーしたいところが多く、いつも**厚塗り**に。ポイントメイクは、**派手で濃い感じに見えてしまう**のが悩みです。本当は大人っぽく上品に見せたい…

フルメイク動画は
ここから！

河北CHECK!

肌は上手にカバーできているけれど、20代はもっと**素肌っぽさ**があった方が断然いい。そして求心顔の人は、ポイントメイクで**遠心顔に寄せる**と大人っぽく洗練された印象に

すっぴんに自信なし。フェイスラインにたくさんあるニキビ跡も悩みの種です。

クマ、くすみ、ニキビ跡が目立つ

01

ツヤ下地を
5点置き

&beのUVミルク（詳しくは
P.115）を両頬、額、鼻、あご
にのせ、手かスポンジで全体
になじませて。

02

ツヤファンデを
5点置き

ローラ メルシエのフローレ
ス ルミエール ラディアンス
パーフェクティング ファン
デーション ¥6,000を使用。

03

ファンシーラーで
カバー

&beのファンシーラー（詳し
くはP.114）でマッピング。ニ
キビ跡が気になる部分はオレ
ンジとベージュを混ぜて。

04

ハイライトを
三角ゾーンに

&beのグロウハイライター
（詳しくはP.114）をオン。頬
骨が高くてサイドが影になり
やすい人は、やや幅広に。

05

シェーディング

&beのコントゥアペン（詳し
くはP.114）で削りたい部分に
影を。福地さんはあご下（左
右）と面長カバーのあご先に。

> MCTオイルで
> ひと息入れる？

121

2 アイメイクが子供っぽく見える

目のパーツが丸く、縦幅があるから？

EYE

01 ブラウンシャドウを キワに乗せる

まずはまぶたに影色の仕込みを。ローラ メルシエのキャビアスティック アイカラー 14 ¥3,000を使用。

02 目尻が濃くなるよう ブラシでボカす

ブラシを使って自然にぼかし、目尻側を太め＆濃いめに。外側にポイントをもってきて、すっきりとした遠心顔に。

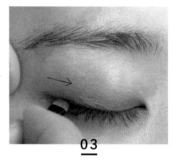

03 目尻から シャドウラインを引く

いちばん右の色を目尻を濃いめにオン。クレ・ド・ポー ボーテのオンブルクルールクアドリ n 316 ¥7,500を使用。

自分メイク

河北メイク

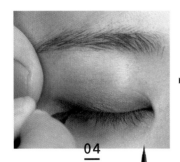

04 目のキワに リキッドでラインを引く

&beのリキッドアイライナー ブラウン（詳しくはP.114）で目尻からラインを。03のシャドウラインの上をなぞって。

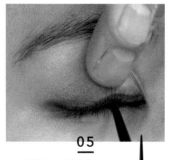

05 まつげのすき間を ペンシルで埋める

目を開けたとき、正面から見える部分のみ埋めればOK。SHISEIDOのマイクロライナーインク 02 ¥3,500を使用。

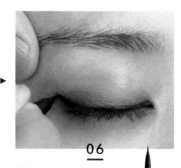

06 リキッドで はね上げラインを描く

04と同じリキッドで目尻を5mm細くはね上げ、アイラインでも求心顔→遠心顔にシフトする工夫を。

お悩み

3 最近前髪を切ったら子供っぽくなってしまい…、どう対処すればいいの？

前髪のセットの仕方がわからない

HAIR

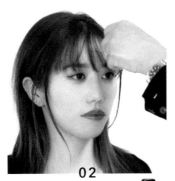

01

ヘアアイロンで前髪をのばす

水スプレーで根元を濡らしてブローし、前髪のクセをとったら、くるんと丸まりやすい前髪をアイロンでまっすぐに。

02

オイルをなじませる

&beのバリアオイル（詳しくはP.115）をなじませてシャープなウエットヘアに。束感を出して透けバングにすると抜け感も。

03

顔周りの毛束にもオイルを

ふんわりドライな質感は幼く見えたりガーリーになるので、大人っぽくしたいならサイドもウエットな質感に整えて。

20代あるあるお悩み Q&A

ファンデの厚塗りから脱却するにはどうしたらいい？

河北 ANSWER:
全部をファンデで隠すのでなくて、コンシーラーも利用して。少しずつベースメイクが薄い顔になれることも大事。それにパーフェクトな仮面より、素肌が透けるくらいの方がその人らしさがにじみ出て素敵だよ

目ヂカラを出したいから、メイクが上品に仕上げられない…

河北 ANSWER:
そもそも目はばっちり見せなきゃいけないという固定概念にとらわれていない？　僕はほとんどビューラーを使わないし、不自然に上がったまつげには圧を感じてしまう。まずはマスカラを控えめにしてみては？

世代別お悩み解消メイク

このメイクは似合う、この色は似合わないと決めつけていませんか？
顔だちに合わせたひと工夫でどんなメイクも自分のものにできるので、ぜひマスターして。

自分メイク

河北メイク

（牛山静香さん・31歳）

童顔で実年齢より下に見られることが多く、なめられがち（笑）。顔のバランスも左右均等ではないし、どうしたらおしゃれな大人顔になれるんでしょうか？　そろそろ年相応に見られたい！

フルメイク動画は
ここから！

河北 CHECK！

ないものねだりだけど（笑）、それもまた美の原動力。ちなみに、顔が完璧に左右均等な人なんてほとんどいないから気にする必要なし！　メイクで少し整えてあげましょう

お悩み 1

右側と左側で顔の印象がちょっと違うのは、これが原因!?

二重幅が微妙に違う

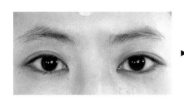

Close up

向かって左側の方が二重幅が広く、ぱっちりとして見えるのが特徴。果たして、どうアイメイクするのが正解？

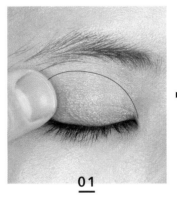

01

**ベースカラーを
アイホールより広めに**

淡いカラーを指でのばし、まぶたに立体感を。クレ・ド・ポー ボーテのオンブルクレームソロ 304 ¥3,800を使用。

02

**シャドウラインは
目尻をやや長めに**

真ん中2色をアイホール、右をライン風に。クレ・ド・ポー ボーテのオンブルクルールクアドリ n 316 ¥7,500を使用。

03

**リキッドラインも
目尻を長めに**

シャドウラインで下書きしたところに沿って、＆beのリキッドアイライナー ブラウン（詳しくはP.114）を重ねて。

04

**ラインが隠れて
しまう方は太めに**

反対側はシャドウを同様に入れ、目の形に合わせてアイラインで補整。ラインが隠れやすい方は太めに引くのがコツ。

河北 ADVICE：

二重幅が少し違うなんていうのは、どんな美しい人にだってよくあること。それもひとつの個性だけれど、メイクでカムフラージュして左右のバランスをコントロールできることを覚えておいて

125

お悩み 2

向かって左側の眉の方が、眉頭も眉山も少し上がっているんです

眉が左右非対称

EYEBROW

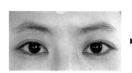

Close up

眉頭、眉山、そして眉尻の位置も、よく見ると均等ではない牛山さんの眉。地眉に沿って描くとガタついた印象に…!?

01

眉頭上から描き始める

左の眉山位置を上げ、右と同じ高さに。ローラ メルシエのポマード アンド パウダー ブロウ デュオ 01 ¥3,300を使用。

02

眉山の毛流れは下げるように

&beのアイブロウマスカラ モーブブラウン（詳しくはP.114）で毛流れを下向きに調整し、右の眉山位置にそろえて。

03

仕上がりはこんな感じ

向かって右側の眉にバランスをそろえた結果がこちら。歪みが気にならなくなり、キリッと端正な眉が完成。

自分メイク ← → 河北メイク

お悩み 3

唇が小さいから？　なぜか赤リップが浮いて見えてしまいます

赤リップが似合わない

LIP

01

ナッツブラウンで輪郭をオーバーに描く

リップライナー代わりに&beのクレヨンリップ ナッツブラウン（詳しくはP.114）を使用。輪郭を1mmオーバーに描いて。

02

赤リップをなじませる

輪郭に沿ってオン。ローラ メルシエのヴェロア エクストリーム マット リップスティック 16 ¥3,100を使用。

03

仕上がりはこんな感じ

輪郭の内側を塗りつぶした状態がこちら。わざとらしくならずに唇がふっくらとし、赤リップでも違和感ゼロ。

河北ADVICE:

濃いリップで最初からオーバーに描くと、どうしても不自然になりがち。オレンジやブラウン系のクレヨンリップでふっくら感を仕込むのが◎

お悩み

4

センターで分かれやすく、面長顔も余計に強調しているような…

前髪がキマらない

HAIR

01

02

03

河北ADVICE:

前髪はその人の印象を大きく左右するものだから、諦めちゃダメ。カットせずとも分け目や髪の動かし方でイメージは変えられます

分け目を変えてみよう

素早く印象を変えられるのが、前髪の分け目チェンジやボリューム調整。事前に根元を濡らしてクセを取るのを忘れずに。

左分け

向かって左側の目元印象が強くなるので、牛山さんの場合、ソフトなイメージに。服に合わせて使い分けるのもおすすめ。

右分け

こちらは向かって右側の目元印象が強くなるため、シャープなイメージに。あえて女性らしい服に合わせるとこなれ感アップ。

30代前半あるあるお悩み Q&A

いつも似たようなメイクになってしまう

河北ANSWER:

忙しい日々の中で毎日がらりとメイクを変えるのは大変だから、僕はシーズンごとに3パターンのバリエをもっていればいいと思う。ポーチにいくつかの色をそろえ、その日の服に合わせて"どれにしようかな?"と選ぶくせをつけて

トレンドメイクが似合わなくなってきた…

河北ANSWER:

これはたぶん似合わないというよりも、似合わせ方をマスターできていないのかも。ちょっとした工夫で誰だってつけこなすことができるから、そのひと手間を惜しまずに。P.152やP.153も参考にしてみて

127

世代別お悩み解消メイク

メイクを制服のように捉えて、これが私のスタイルと決めつけていませんか?
変わりたい願望が強い人ほど、キレイの可能性が広がる世代であることを忘れずに

自分メイク

(国分 綾さん・36歳)

> メイクで自分をどう見せるべきか、正直模索中です。だからなんとなく毎日同じようなメイクになりがち。願望としては小顔に見せたい、そしてポイントメイクは洒落感のある色使いをマスターしたい

河北メイク

フルメイク動画は
ここから!

河北CHECK!

国分さんはメイクがとても上手。ただ、もう少しギャップが出せるといいよね、例えば平日と休日でヘア&メイクが違うとか。ではお悩み解消していきましょう!

お昼過ぎにはいつもテカテカ、顔の横幅もキュッと見せられたらいいのに…

テカリやすい、顔の大きさが気になる

BASE

01
テカリ予防の下地を5点置き

皮脂対策は下地選びが重要。カサつかないのにテカリを長時間防ぐクレ・ド・ポー ボーテの下地(詳しくはP.26)を。

02
スポンジで全体になじませる

&beのブラックスポンジ(詳しくはP.114)で全体にのばして。手でのばすよりもムラなくつけることが可能。

03
リキッドファンデを顔の内側に

ローラ メルシエのフローレス ルミエール ラディアンス パーフェクティング ファンデーション ¥6,000を使用。

04
ファンシーラーで顔の中心をカバー

&beのファンシーラー(詳しくはP.114)で顔の中心をカバーし、ハイライトは目の下の三角ゾーンにオン。

05
サイドをシェーディング

&beのコントゥアペン(詳しくはP.114)で両サイドに線を引き、内側にも2本線を描いてスポンジでなじませる。

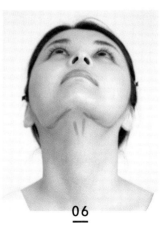

06
あご下をシェーディング

横を向いたときなど、あごにかけてのラインがシュッと見えるのはこの影があってこそ。"介"を描いてなじませて。

お悩み 2

求心顔のせいか、ぐっと大人っぽいメイクがどうしてもできない…

大人っぽい美人顔になりたい

EYE & LIP

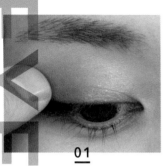

01
**アイホール外側を
濃いめにシャドウを**

顔の外側に重心をおくべく、影色は目尻を重点的に。コスメデコルテのアイグロウ ジェム BR381 ¥2,700を使用。

02
**目尻側に
シャドウラインを引く**

右の2色を混ぜて目のキワに。NARSのヴォワヤジュール アイシャドーパレット 1191 ¥4,500（店舗限定）を使用。

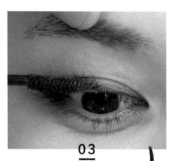

03
**まつげはブラウンで
柔らかい印象に**

国分さんの目はもともとばっちりしているので、&beのマスカラ ブラウン（詳しくはP.114）で抜け感を意識。

自分メイク

河北メイク

01
**上唇の山を
オーバーに描く**

&beのクレヨンリップ ナッツブラウン（詳しくはP.114）でやや薄い上唇のみオーバーに描き、下唇は輪郭どおりに。

02
**内側を
塗りつぶす**

輪郭に使用したクレヨンリップを内側になじませて。明るいブラウンでヘルシーに。

河北 ADVICE：

求心顔なので外側に重心をずらすアイメイク、そしてオーバーリップで顔の余白を縮小。ほら、洗練された大人っぽさが出てきたと思わない？

お悩み 3

ひとつに結ぶと、ニュアンスというより生活感が出るような気が

前髪のクセが強く、
いつもダウンスタイルになりがち

HAIR

01
**前髪を
根元から濡らす**

最初に水スプレーで濡らすのは鉄則。一度濡らしてから乾かすことで、分け目のクセもぐっと取れやすく。

02
**乾かしながら
しっかりクセを取る**

指で前髪の根元をこするようにして乾かし、いつもの分け目と逆方向に髪を流しながらドライヤーの熱を当てて。

03
**ヘアアイロンで
のばす**

すっきりとまとまるセンター分けにし、少しテンションをかけつつ前髪にアイロンを。顔の輪郭に沿って少し丸みをもたせて。

04
**ワックスで
束感を出す**

&beのヘアワックス（詳しくはP.114）を髪全体につけてひとつに結び、前髪はランダムに束感を出して、こなれたムードに。

３０代後半あるあるお悩み Q&A

ほうれい線が気になる

> 河北 ANSWER：
> 絶対にやってはいけないのがコンシーラーで隠すこと。塗った瞬間は良くても時間がたつとほうれい線の溝がかえって目立ちます。クリームタイプのハイライトを薄くつけて、光でほうれい線の影を飛ばす方が、ハリが出て見えるよ

**しっかりメイクじゃないと
物足りなく感じてしまう**

> 河北 ANSWER：
> そう思っているのは、自分だけかも。人と一緒でスキのないメイクはつまらない。少しくらい抜けている部分がある方が、チャーミングだし、親しみやすい。それに今の時代、全部頑張るとおしゃれにならないよ

世代別お悩み解消メイク

年齢を重ねるごとに出てくるさまざまな悩みも、メイクの力で若々しく。
顔の額縁でもある、ヘアによる印象操作もあなどれません！

（吉野智美さん・40歳）

若々しく見られたいけれど、**ツヤ肌はテカリに見えそう**でどうも苦手意識があります。また、もともと奥二重なのですが一重に見えがちな**まぶたの重さ**や、**髪のボリュームのなさ**も最近気になるように

河北メイク

フルメイク動画は
ここから！

河北 CHECK!

粉っぽい肌は大人になればなるほど疲れた印象に見えやすいので、40歳以降は特にツヤ肌がマスト。まぶたの重さやペタッとしがちなヘアはテクニックでどうにでもなります

1

くずれが怖くていつもマット肌が定番。また頬骨の高さから横顔がこけて見えやすく…

ツヤ肌が苦手、頬骨が気になる

BASE

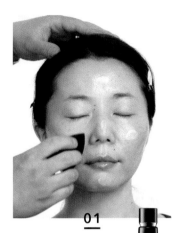

01

テカリ予防下地を
なじませる

クレ・ド・ポー ボーテの下地
（詳しくはP.26）を5点置きし
てスポンジで全体にのばし、
くずれにくい肌に。

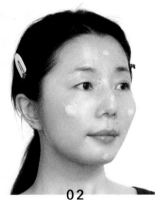

02

ツヤ肌ファンデを
5点置き

ローラ メルシエのフローレ
ス ルミエール ラディアンス
パーフェクティング ファン
デーション ￥6,000を使用。

03

シェーディング

ファンシーラーでマッピング
してから、&beのコントゥア
ペン（詳しくはP.114）で顔の
折れ目に線を入れて。

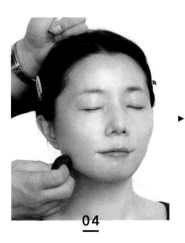

04

丁寧になじませる

フェイスラインに影を入れて
小顔に見せたいので、スポン
ジを使って"外側"にぼかすこ
とが重要。

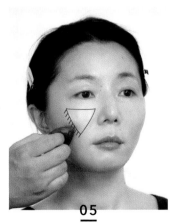

05

頬骨下の影に
ハイライトを

&beのグロウハイライター
（詳しくはP.114）を三角ゾー
ンに入れたら、頬骨下の影に
も足してふっくらと。

MCTオイルで
ブレイクしよう

2 まぶたが下がってきた

たるみ？ むくみ？ なんとなく目元が眠たく見えてしまうような…

EYE

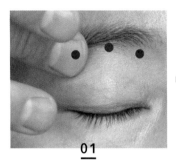

01
眉下のくぼみを マッサージ

目をつぶり、気持ちいいくらいの圧で眉下のツボをプッシュ。巡りをよくして目がぱっちりと開くように。

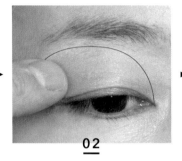

02
まぶた全体に ツヤカラーを

光沢のあるシャドウをのせてハリ感をプラス。クレ・ド・ポー ボーテのオンブルクレームソロ 304 ¥3,800を使用。

03
アイホールに ベースカラーを

左の2色を混ぜてアイホールに。クレ・ド・ポー ボーテのオンブルクルールクアドリn 303 ¥7,500を使用。

自分メイク ──────

────── 河北メイク

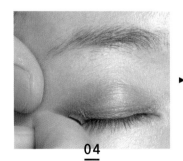

04
締め色は 幅広に

03の右の2色を混ぜて目のキワに。奥二重や一重の人は、目を開けたときに見えるところまで入れて。

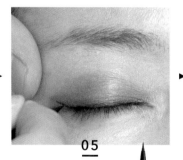

05
キワにブラウンの リキッドを重ねる

&beのリキッドライナー ブラウン（詳しくはP.114）でキワにラインを入れて、さらにフレームラインを強化。

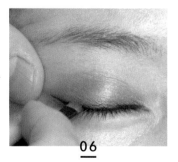

06
キワにネイビーの シャドウラインを

目元により深みを出すべく、ネイビーを。クレ・ド・ポー ボーテのオンブルプードルソロ 212 ¥3,800を使用。

3

年齢と共に髪のハリ感がダウン。これも老け見えしやすい原因!?

髪のトップがぺたんこになる

HAIR

01

分け目をチェンジ

いつも右分けなら左分けに。クセがついていない方にすると、たったそれだけのことで根元にふんわりとしたボリュームが。

02

手前の毛束を外巻きに

38mmくらいの太めのカールアイロンで顔まわりを外巻きに。華やかな動きをつけることでボリュームをアップ。

03

奥の毛束を外巻きに

次の毛束も外巻き、トップは内巻きにしてふんわりと。2〜3ブロックに分けて少しずつ巻くのがポイント。

04

反対側は内巻きに

フェイスラインに沿うように巻き、小顔効果を狙いつつ、全体で見たときにコンサバすぎないラフなバランスに。

40代あるあるお悩み　Q&A

二重あご をメイクでなんとかしたい

河北ANSWER：
これはもう、河北裕介の"介ライン"以外に方法ないでしょ（入れ方はP.142に）。白い服を着たなどは特に、レフ板効果で肌が明るくなると同時に膨張して見えることもあるので、シェーディングがマストです

シワ や シミ が 気になる

河北ANSWER：
シワにはハイライトでツヤとハリを与えるのが正解。シミはファンデーションを厚塗りせずにコンシーラーでピンポイントにカバー。でも完璧に隠そうと躍起にならない方が結果、ナチュラルできれいな仕上がりになると僕は思ってる

河北メイクの基本
最新版 令和Ver.

"その人らしい美しさを引き出すメイク"を軸としつつも、
時代に合わせてアップデートしている河北メイク。メイク前のマッサージからヘアアレンジまで、
多くの女優やモデルを魅了する最新テクニックを余すところなく公開！

MASSAGE マッサージ

ワンプッシュが目安

01
頭皮をほぐす
顔と頭皮は一枚皮。指の腹でやや強めの圧をかけて頭皮を引き上げるように行って。

02
VCミストで保湿
洗顔後は化粧水（詳しくはP.115）を優しくなじませ、潤いたっぷりの状態に。

03
バリアオイルをなじませる
マッサージの摩擦負担を減らすため、オイル（詳しくはP.115）を顔と首に塗布。

PUSH

07
鼻横をプッシュ
意外にむくみやすい鼻周りをすっきりと。長押しして鼻呼吸しやすくなるのを感じて。

08
横に流す
頬を軽く引き上げるように、手のひらを内側から外側に動かしてリンパの流れを改善。

09
あご下〜耳まで流す
あご先をつかむように親指と人差し指でロックオンしたら、そのまま耳まで流して。

13
首筋を流す
耳後ろから首筋を通って、鎖骨へ。リンパの流れを良くしてむくんだ顔もシュッと。

14
胸鎖乳突筋をつまむ
親指と人差し指で首横の筋肉を上から下まで軽くつまみ、コリをほぐして巡りを強化。

15
鎖骨を流す
人差し指と中指で鎖骨を挟むようにして、内側から外側へ。リンパの流れを促進。

04

額からスタート

下から上に引き上げるようになじませ、横
にスライド。なでるようなタッチが鉄則。

優しく
PUSH!

05

眉下のツボをプッシュ

眼精疲労を緩和するツボが眉下にはたくさ
ん。親指で押すと目がぱっちり開くように。

06

下まぶたをローリング

指の腹でクルクルと小さな円を描き、血流
の悪さからくる目の下のクマをケア。

10

耳後ろのツボをプッシュ

老廃物のゴミ箱でもあるリンパ節を親指で
プッシュ。耳後ろの凹んでいる部分が目安。

11

小鼻周りを流す

鼻筋をスッキリとさせるプロセス。中指を
使って小鼻の脇を軽く上下に流して。

12

エラをほぐす

歯をくいしばるクセがある人はマスト。4
本指の関節と関節の間を当ててほぐして。

外側　　　　内側

PUSH

16

脇のリンパ節をプッシュ

ラストは脇にある大きなリンパ節へ。外側
と内側から掴むように押して詰まりを解消。

17

リップジェルを塗る

最後にリップジェル（詳しくはP.115）で保
湿を。口紅を塗るころには唇ふっくら。

Finish!

顔色が良くなり、キュッと
引き締まった小顔に！

BASE MAKE UP ベースメイク

01
目周りと眉の油分をティッシュでオフ

スキンケアやマッサージの際の油分が顔に残ってベタベタしていると、メイクくずれの原因に。特にくずれやすい目周りと眉はティッシュで軽く抑えて油分をオフして。

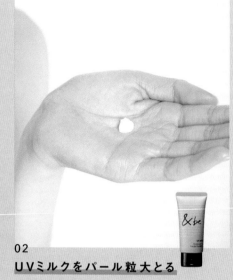

02
UVミルクをパール粒大とる

UVカット効果のあるトーンアップ下地（詳しくはP.115）を手に取り、額、両頬、鼻、あごにチョンチョンと5点置き。少なすぎるとUVカット力が薄れるので適量を守って。

05
スポンジでなじませる

スポンジ（詳しくはP.115）を使ってファンシーラーを優しくたたきこみ、密着させて。スポンジで肌をこすらず、優しく動かしながらなじませるのが正解。

クマが
ひどいなら

クマがひどい人は指で優しくなじませる

寝不足などでクマが目立つときは、スポンジではなく、指でたたきこむとカバー力がアップ。オレンジのファンシーラーをのせた範囲を広げすぎないようにフィットさせて。

03
顔全体にのばす

手のひらで顔全体になじませ、最後に首にも。目周りや口周り、小鼻などの細かいパーツも指の腹を使って丁寧に広げて(プロセス05のスポンジでのばしてもOK)。

04
ファンシーラーをのせる

ファンデーションとコンシーラーが一体化した&beのファンシーラー(詳しくはP.114)で顔をマッピング。オレンジでクマをカバーし、ベージュで赤み&くすみをカバー。

06
スポンジでなじませるのは、顔の折れ線まで!

頬骨の外側(正面から見えなくなる部分)が、いわゆる顔の折れ目。色ムラが少ないのでカバーする必要はなく、自然な影色で小顔に見せたいので、ファンシーラーは不要。

シミをカバーするなら

シミカバーはオレンジとイエローを混ぜる

気になるシミやニキビ、ニキビ跡があるときは、ファンシーラーのオレンジとベージュを付属のチップでミックス。チョンと少量のせたら、指かスポンジで優しくなじませて。

ベースメイク

頬こけ対策に

07
ハイライトを逆三角形に

グロウハイライター（詳しくはP.114）をスポンジに取り、
頬の三角ゾーンにオン。光を受けてツヤが反射しやすく、
美肌印象を効果的に高めてくれるゾーンに狙いを定めて。

頬がこけているならハイライトを外側にも

頬骨が高かったり、骨格的に顔が痩せた感じに見えやすい
人は、頬骨の外側にもハイライトをプラス。光の効果でふ
っくらとハリのある顔印象へとアプローチ。

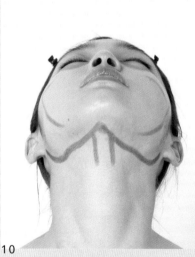

09
頬のサイドをシェーディング

コントゥアペン（詳しくはP.114）を使い、顔の折れ目（正面
から見えなくなる部分）より少し外側に線を描き、耳下か
らのフェイスラインと、頬骨の下側にも一本線を。

10
あご下もシェーディング

これがいわゆる"介ライン"。河北裕介の"介"の漢字を描
くように首の上側と喉の外側に影を仕込んで。正面から見
たときの骨格のシャープさがぐんとアップ。

まぶたの
くぼみ対策に

まぶたが窪んでいるなら全体にハイライトを

年齢を重ねてまぶたのくぼみや痩せた印象が気になってき
た人は、ベースメイクの段階でハイライトを。まぶたがツ
ヤを放ち、くぼみによる影がトーンアップして若々しく。

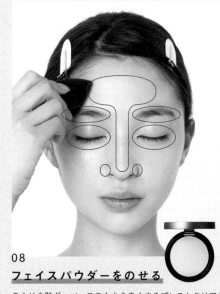

08

フェイスパウダーをのせる

テカリを防ぎ、ベースのもちを良くするプレストクリアパ
ウダー（詳しくはP.114）もスポンジでオン。皮脂が出やす
いところや、ヨレやすい目周りだけにサラッとのせて。

11

スポンジでなじませる

のびのいいコントゥアペンは、スポンジでなじませるとス
ッと肌に溶け込み、ごくナチュラルな影色に。気持ち外側
に向かってなじませ、顔周りにさりげない影を作って。

Finish!

**透明感のあるツヤ美肌＆
メリハリ顔が完成**

EYEBROW アイブロウ

01

スクリューブラシでとかす

最初にスクリューブラシで毛流れに沿ってとかし、地眉の生え方や足りない部分を確認。どこを描き足せばいいか、この時点でしっかりプランを立てて。

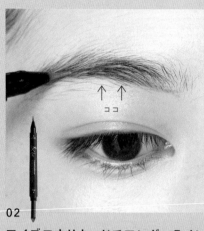

ココ

02

アイブロウリキッドでアンダーラインを描く

眉と目の幅が広いと間延びした顔になるので、眉を描くときは下側から。リキッドアイブロウ（詳しくはP.114）であまり角度をつけずにアウトラインを描いて。

05

ワックスパウダーですき間を埋める

反対側のワックスパウダーでぼかしながら足りない部分を埋めて。アウトラインがすでにできているので、内側をさっとなぞるだけでいいから簡単。

06

眉マスカラで全体をとかす

アイブロウマスカラ（詳しくはP.114）を毛流れに沿ってオン。このとき、例えば下がり眉の人は毛を上げるようにとかすなど自分の眉の形に合わせた工夫を。

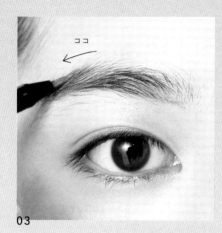

ココ

03

アイブロウリキッドで眉山を描く

眉山から眉尻にかけてのアウトラインを。地眉の形に
沿って描き、眉尻は下げすぎないように注意。また眉
尻は口角と目尻の延長線上くらいがベスト。

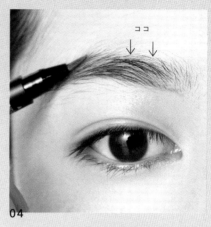

ココ

04

アイブロウリキッドで上側のアウトラインをとる

眉頭1cmほど空けたところから、眉山にかけて上側の
アウトラインを描く。このときも角度がつきすぎない
ようなるべくフラットに描くと、今っぽい眉に。

07

反対側も同様に

左右の眉を同時進行で描いてもOKだけれど、形が左右
でアンバランスという人は、片方ずつ描く練習を。描
きやすい方から始めて反対側もそれに合わせると◎。

Finish!

骨格にフィットした意志のある美人眉に

眉タイプ別

眉の形は人によって本当に千差万別。そこで眉タイプ別に、河北眉へと近づく描き方を指南。

上がり眉の場合:

1_眉頭の上から眉尻までリキッドでナナメ下に描く

2_リキッドやパウダーで毛が足りない部分を描き、
　眉山 〜眉尻はナナメ45°の角度で描く

3_はみ出た部分は、眉マスカラかコンシーラーでぼかす

下がり眉の場合:

1_眉頭の下からアンダーラインをリキッドでまっすぐ描く

2_リキッドやパウダーで上側を描き、眉山〜眉尻は
　ナナメ45°の角度で描く

3_はみ出た部分は、眉マスカラかコンシーラーでぼかす

離れ眉の場合:

1_リキッドでアンダーラインをまっすぐ描き、全体に毛を
　1本1本描き足す

2_パウダーで全体を描く

描き方のコツ

難しいテクニックは必要なく、実はシンプル＆明快なメソッドなので誰でも簡単に取り入れることができます。

濃い眉の場合：

Before

▶

After

1_スクリューブラシで眉の形を整える
2_眉マスカラで毛流れを整える

薄い眉の場合：

Before

▶

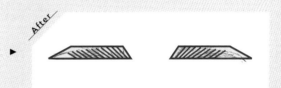
After

1_リキッドでアンダーラインをまっすぐ描き、輪郭も描いたら
　全体に毛を1本1本描き足す
2_全体をパウダーで描く

左右非対称眉の場合：

Before

▶

After

1_基準となる眉を決める（この場合は左）

2_基準となる眉のアンダーラインをリキッドでまっすぐ描く。
　上げたい方の眉（右）のアンダーラインはナナメ上に描く

3_リキッドやパウダーで毛の足りない部分を描いて整える

4_はみ出た部分は、眉マスカラかコンシーラーでぼかす

アイメイク

手の甲に取ってから

01 アイホールにブラウンシャドウを

コスメデコルテのアイグロウ ジェム BE387（¥2,700）を指でなじませ、ナチュラルな立体感を。しっかり陰影を出したい人は何度か重ねて。

02 シャドウラインを描く

クレ・ド・ポー ボーテのオンブルプードルソロ 210（¥3,800）を平筆ブラシに取り、目のキワにラインを。マットなブラウンで目元のフレームラインを強化。

05 マスカラはティッシュオフして 一度ボトルに入れる

適量を塗布するためのテクニックがこちら。一度ティッシュオフしてからボトルに入れ直すと、マスカラ液のつきすぎを回避。ちなみに色はここでは黒を使用。

06 根元にぐっと押し当てる

スッとした繊細仕上げが河北流なので、ビューラーは使わないのがポイント。最初にマスカラブラシを根元に押し当てることで、ほんのりカールアップ。

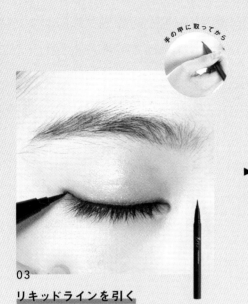

手の甲に取ってから

03
リキッドラインを引く

黒のリキッドアイライナー（詳しくはP.114）を目のキワに重ね、目尻は水平に3mm延長。シャドウラインで下書きをしているので、その上をなぞればOK。

▶

04
ペンシルでまつげのすき間を埋める

茶色の極細ペンシル、SHISEIDOのマイクロライナーインク 02（¥3,500）でまつげのすき間を埋めて目元をくっきりと。反対の指でまぶたを軽く持ち上げて。

07
毛先に向かってスーッと

そのまま毛先に向かってブラシを動かし、塗布するのはワンストロークで充分。まつげの中央、目尻側、目頭側の3パーツに分けて行って。

▶

Finish!

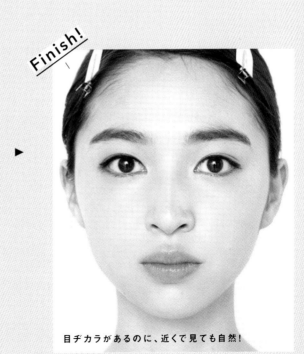

目ヂカラがあるのに、近くで見ても自然！

リップ＆チーク

01

ナッツブラウンで輪郭をオーバーに描く

クレヨンリップのナッツブラウン（詳しくはP.114）で
全体の輪郭を1mmオーバーになぞる。上唇が特に薄い
人は、上唇のみオーバーに描いて。

02

内側を塗りつぶす

そのまま内側を塗りつぶし、最後に"ンパ"と唇を重ね
てなじませて。ちなみに輪郭をオーバーに描くのは、
顔の余白を減らし、唇をふっくらと見せるため。

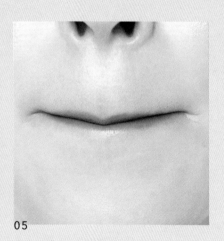

05

"ンパ"でなじませる

唇を軽く重ね合わせるとムラがなくなり、均一に色が
フィット。オーバーに描いた淡色リップと、輪郭通り
に描いた濃い色リップがわざとらしくならずに一体化。

06

指か綿棒で輪郭を整える

はみ出しや輪郭のガタつきが気になるときは、最後に
補正。指にティッシュを巻きつけてサッとオフするか、
細い綿棒で軽く拭って端正なアウトラインに。

03
血色が足りない人はチークを

少し引きで鏡を見て、血色が足りないなと思ったらスポンジで頬骨の少し下側に"気配"程度にチークをオン。もともと頬に赤みがある人は入れなくてもOK。

04
赤リップを直塗りする

濃いリップをのせるときは、輪郭に沿ってなじませて。ローラ メルシエのルージュ エッセンシャル シルキークリーム リップスティック 27(¥3,600)を使用。

Finish!

バランスの整ったふっくら色っぽい唇に

河北 ADVICE:

リキッドアイラインの前にシャドウラインで下書きするように、リップも濃い色の前に淡い色で輪郭をオーバーに描いて下書きしておくと、失敗知らず。元からそうであるかのようなぷっくり唇に

顔タイプ別：ポイントメイクのコツ

人の顔は大きく"求心顔""遠心顔"に分けることができ、美人に見せるテクニックがそれによって大きく異なります。

求心顔 の人は

メイクの重心を外側に！

目や眉、唇が顔の中心にキュッと寄っている人は求心顔。メイクの視覚効果で内側にある重心を外側に広げてあげると、全体のバランスが整います。

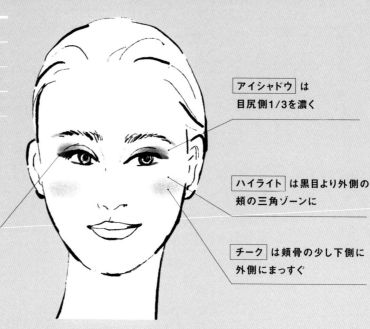

アイライン は
目尻側を5mm延長

アイシャドウ は
目尻側1/3を濃く

ハイライト は黒目より外側の
頬の三角ゾーンに

チーク は頬骨の少し下側に
外側にまっすぐ

遠心顔 の人は

メイクの重心を内側に！

目や眉が顔の中心から少し離れている人は遠心顔。外側にある各パーツをメイクでグッと内側に重心を寄せると、顔の余白が気にならなくなるはず。

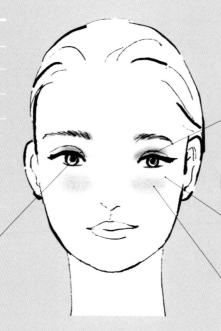

アイライン は
目頭側をくっきりと描く

アイシャドウ は
目頭側1/3を濃く

ハイライト は目頭の下あたりから
頬の三角ゾーンに

チーク は頬骨の少し下側に
鼻の横側から入れる

SHADING CHEEK HIGHLIGHT

顔型別：シェーディング・チーク・ハイライトの入れ方

顔の形に合わせて入れる位置を少し工夫するだけで、簡単に印象操作が可能！ 理想の骨格へと近づけて。

丸顔 の人は
四隅をシェーディングして小顔に！

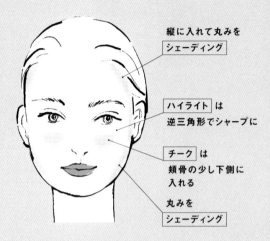

縦に入れて丸みを
シェーディング

ハイライト は
逆三角形でシャープに

チーク は
頬骨の少し下側に
入れる

丸みを
シェーディング

面長顔 の人は
額とあご先をシェーディングして小顔に！

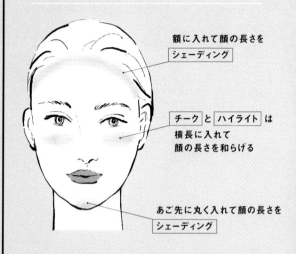

額に入れて顔の長さを
シェーディング

チーク と ハイライト は
横長に入れて
顔の長さを和らげる

あご先に丸く入れて顔の長さを
シェーディング

下ぶくれ顔 の人は
下側両サイドをシェーディングして小顔に！

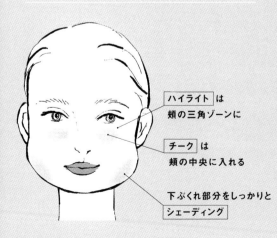

ハイライト は
頬の三角ゾーンに

チーク は
頬の中央に入れる

下ぶくれ部分をしっかりと
シェーディング

エラハリ顔 の人は
エラ部分をシェーディングして小顔に！

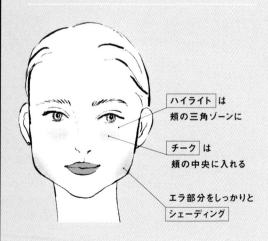

ハイライト は
頬の三角ゾーンに

チーク は
頬の中央に入れる

エラ部分をしっかりと
シェーディング

HAIR ヘア

01 前髪を水スプレーで濡らす

最もクセが発生しやすいのが前髪。水スプレーをシュッと吹きかけて根元を濡らし、クセをとる下準備。水スプレーは100均で購入したボトルなどに水道水を入れればOK。

▶

02 根元をこすりながらドライヤーで乾かす

根元の生えグセを整えるべく、指の腹で頭皮を左右にこするようにしてドライヤーの温風を当ててしっかり乾かす。その後、前髪を軽く下の方に引っ張ってまっすぐに。

▶

04 38mmのアイロンで顔周りを内巻きに

顔周りの毛束を少量取り、カールアイロンで毛先をくるっとワンカール。毛束の中間からアイロンを当て、毛先に向かってすべらせるように巻くのがコツ。反対側も同様に。

▶

05 全体の毛先を軽くワンカール

1回に取る毛束を増やし、4〜6ブロックくらいに分けて、毛先1/3を内巻きに。後ろの髪を巻くときは、毛束を前に持ってきて巻くと◎。アイロンで巻くことでツヤもアップ。

▶

HAIR ARRANGEMENT ヘアアレンジ

01 オイルとワックスを混ぜる

オイル：ワックス（詳しくはP.114、115）を1：2くらいの割合で手に取り、手のひら全体でしっかりと混ぜて。

▶

02 前髪になじませる

サイドの後れ毛を出して後ろでひとつに結んだら、前髪にもスタイリング剤を塗布。指先で少量の毛束を軽くねじりながらオン。

▶

03 トップを押さえる

アホ毛が気になるときは、トップを手のひらでなでつけて。またトップはセンターパートにすると、きちんとした印象に。

▶

03 **前髪をストレートアイロンでのばす**

根元からストレートアイロンを当て、毛先に向かってすべらせるように動かす。まっすぐのばしすぎるとペタッとするので、ほんの少しカーブを描くようにすべらせて。

06 **空気を含ませてほぐす**

巻いた状態のままだとカールがつきすぎて不自然なので、ふんわりほぐしてニュアンスのあるカールに。内側に空気を入れ込むように手ぐしで髪全体をザバザバッと動かして。

▶

Finish!

寝癖ヘアから一変！
ほんのり女っぽいムードへ

河北 ADVICE:

水スプレー＆ドライヤーで寝グセをとり、ヘアアイロンも上手に活用して。ドライヤーでブローするよりも髪表面がつるんとなめらかに整います。使い慣れることが大切

Finish!

04 **後れ毛にもなじませる**

サイドの後れ毛には小顔効果が。毛束を軽くねじるようにしてワックスをなじませ、パサついて見えないようツヤをプラス。

▶

難しいテクは不要！ 後れ毛生かしの
簡単アレンジでこなれたスタイルに

SIDE — BACK —

Kawakita Make-up Theory

自分のことを甘やかすのではなく、理解し、愛する。
そして自分の顔に責任をもつ。

コンプレックスを味方につけた人は最高にセンシュアル。

誰かと比べる、ではなく、いちばんのライバルは自分自身。

メイクはあなたの魅力を
最大限に引き出す
唯一無二の技法。

YUSUKE KAWAKITA
河北裕介

157

SHOP LIST

イヴ・サンローラン・ボーテ ☏0120-526-333
エスティ ローダー ☎0570-003-770
Clue(&be) ☎03-5643-3551
クレ・ド・ポー ボーテお客さま窓口 ☏0120-86-1982
コスメデコルテ ☏0120-763-325
SHISEIDOお客さま窓口 ☏0120-587-289
資生堂お客さま窓口 ☏0120-81-4710
トム フォード ビューティ ☎0570-003-770
NARS JAPAN ☏0120-356-686
パルファン・クリスチャン・ディオール ☎03-3239-0618
ランコム お客様相談室 ☏0120-483-666
ローラ メルシエ ジャパン ☏0120-343-432

CREDIT

〈衣装クレジット〉
(P.7)浜辺美波、(P.29)川口春奈、(p.95)高岡早紀 ／スタイリスト私物
宇垣美里
(P.51)Tシャツ ／スタイリスト私物
(P.52)ブラウス ／参考商品(ポステレガント) ウェアリング¥10,000(ジュエッテ)
(P.56)ジャンプスーツ¥25,000、スカーフ ／参考商品(ル・ワークウェア／リレイト) イヤリング
¥16,000(フレーク)
(P.60)ベスト¥23,000(フラデリ) パンツ¥29,000(ルスティック／ルスティック ショールーム) イヤカフ¥45,000、
リング¥17,000、バングル¥580,000(キリハ／ハルミ ショールーム)
(P.64)チョーカー¥920,000(キリハ／ハルミ ショールーム) イヤカフ¥17,000、リング¥14,000(masae／ロードス)
ワンピース ／スタイリスト私物
山口紗弥加
(P.73)Tシャツ ／スタイリスト私物
(P.74)ジャケット¥45,000、パンツ¥34,000(カバナ／アマン) ホワイトゴールドネックレス¥100,000、
リング¥99,000(オー／ハルミ ショールーム) コンビネーションネックレス¥58,000(キリハ／ハルミ ショールーム)
タンクトップ ／スタイリスト私物
(P.78)リング¥145,000、¥84,000(STONE PARIS／メゾン・ディセット) タンクトップ、デニム ／スタイリスト私物
(P.82)ノースリーブジャケット¥160,000(マックスマーラ／マックスマーラ ジャパン) イヤリング
¥16,000(フレーク) リング¥195,000(オー／ハルミ ショールーム)
(P.86)イヤカフ¥110,000(オー／ハルミ ショールーム)、リング¥68,000、ブレスレット¥58,000
(キリハ／ハルミ ショールーム) ワンピース ／スタイリスト私物

〈衣装協力〉
アマン ☎03-6805-0527
Jouete ☏0120-10-6616
ハルミ ショールーム ☎03-6433-5395
フラデリ ☎06-6344-6222
フレーク ☎03-5833-0013
ポステレガント ☎03-5738-8507
マックスマーラ ジャパン ☏0120-030-535
メゾン・ディセット ☎03-3470-2100
リレイト ☎03-6416-4524
ルスティック ショールーム ☎03-6721-6406
ロードス ☎03-6416-1995

本書に掲載している情報は2020年6月時点のものです。商品の価格、店舗情報などは変更になる場合もございます。
また商品の価格はすべて、税抜き表示になります。

EPILOGUE

おわりに

人から感じる色気や雰囲気には、
顔の大きさ、一重二重などのパーツ、年齢は関係ないと思っています。

自分を肯定し、
柔軟に人の意見を取り入れ、ときに甘やかし、
ときに厳しく、向上心を忘れず。

人と比べるのではなく、
愛を持ってしっかり自分と向き合い、
自分自身に、責任をもっている。

そんな方が、真の美しい人だと感じます。

無いものに落ち込むのではなく、私なんてという言葉を使うのではなく、
自分をあきらめず、可能性を信じてください。

あなたには、あなたにしかない美しさがあります。

河北 裕介

河北 裕介（かわきた ゆうすけ）

1975年生まれ。ヘアスタイリストを経て、1998年からヘア＆メイクアップアーティストとしてのキャリアをスタート。以降多くの雑誌のカバーやメイク企画を手がけ、広告やCM等でも活躍し、女優やモデルからのオファーが絶えないトップアーティストに。ユニークな人柄にファンも多く、公式Youtubeの隠れキャラ"河北ユーゴ"も密かに人気。またDMMオンラインサロン「河北メイク塾」を主宰するほか、JFNラジオでは「ヘア＆メイク河北裕介のBe yourself」(Tokyo FM・毎金 19:30〜19:55)でパーソナリティを務めるなど、活動の幅は多岐に渡る。

http://www.yusukekawakita.com
Instagram：@kawakitayusuke
Twitter：@kawakitayusuke
YouTube：河北裕介公式チャンネル
&beオフィシャルサイト：https://www.and-be.jp

河北
メイク論
02

著者	河北裕介
カメラマン	YUJI TAKEUCHI（BALLPARK／人物P.7〜25）、中村和孝（まきうらオフィス／人物P.29〜47、95〜113）、吉田 崇（まきうらオフィス／人物P.51〜91）、山口恵史（静物／P.26〜27、48〜49、70〜71、92）
スタイリスト	杉本学子（WHITNEY／P.7〜45、95〜111）、滝沢真奈（P.51〜89）
モデル	上西星来（P.136〜157）
デザイン	増田恵美
レタッチ	金澤佐紀（DIGICAPSULE）
イラスト	Nozomi Yuasa
DTP協力	mint design
プリンティングディレクター	井上優（凸版印刷）
編集	安井千恵
	一坊寺麻衣（ワニブックス）

2020年7月10日初版発行
発行者 横内 正昭
発行所 株式会社ワニブックス
〒150-8482 東京都渋谷区恵比寿4−4−9 えびす大黒ビル
TEL 03-5449-2711（代表） 03-5449-2713（編集）
印刷所 凸版印刷株式会社

ワニブックスのホームページ http://www.wani.co.jp/